VOYAGE SENTIMENTAL

DANS

LES PAYS SLAVES

Paris. — Imprimerie Jules Le Clerc et Cie, rue Cassette, 29.

VOYAGE SENTIMENTAL

DANS LES

PAYS SLAVES

Par Cyrille

DALMATIE — MONTÉNÉGRO

HERZÉGOVINE — CROATIE — SERBIE — BULGARIE

GALICIE — BOHÊME — SLOVÉNIE

PARIS

LIBRAIRIE VICTOR PALMÉ, ÉDITEUR

RUE DE GRENELLE-SAINT-GERMAIN, 25

1876

VOYAGE SENTIMENTAL

DANS

LES PAYS SLAVES

CHAPITRE PREMIER

DALMATIE

I

DE PARIS A TRIESTE.

Pour un artiste, ennemi naturel du chemin de fer
et des sentiers battus, la route la plus intéressante
pour aller en Orient est celle qui passe par la Suisse
et le Tyrol. De Bâle, vous remontez la vallée du Rhin,
et, après la chute de Lauffen, vous suivez le lac de
Constance dans toute sa longueur jusqu'à l'ancienne
et paisible ville de Bregenz. De la montagne de Saint-
Gebhardt, l'œil plonge d'un côté sur la belle nappe
d'eau, tandis qu'au sud la profonde vallée du Rhin,

dominée à l'entrée par le majestueux Santis, est fermée au lointain par une bordure de hautes montagnes dont l'aspect est le plus grandiose et le plus varié.

Après avoir remonté la vallée du Rhin jusqu'à Feldkirch, vous tournez brusquement à gauche, et, par une pente assez douce, vous gravissez la montagne des Aigles (Arlberg), qui marque la séparation des eaux entre la mer du Nord et la mer Noire. Tandis que le versant occidental est tributaire du Rhin, le versant oriental est sillonné par un ruisseau qui se jette à Landeck dans l'Inn, tributaire du Danube. A Landeck, remontez le cours de l'Inn ; vous rencontrerez les belles gorges de Finstermunze. Après Nauders, le voyageur franchit presque sans s'en apercevoir le Reschen-Scheidek, qui est l'une des passes les moins élevées dans la chaîne des Alpes. Bientôt apparaissent trois petits lacs d'où sort l'Adige, c'est-à-dire l'Italie. Vous êtes encore dans un pays allemand de langue. Toutefois, le nom de Windische Gau, donné à cette vallée, n'indique-t-il pas qu'elle a été habitée par les Vendes, c'est-à-dire par les Slaves?

A Botzen, l'influence italienne commence à se faire sentir. Voici bientôt Vérone, puis Padoue, où je fais à la chapelle peinte par Giotto une visite qui, pour un artiste chrétien, est presque un pèlerinage. Venise est un rêve, un éblouissement...; mais voici que le maudit chemin de fer m'entraîne vers Goritza. C'est par là que je fais véritablement mon entrée dans le monde

slave. Cette ville a bien une apparence italienne :
beaucoup d'enseignes sont écrites en italien ; les men-
diants mendient en italien ; mais ne vous y fiez pas :
on me dit que Goritza est l'un des foyers slovènes, un
des points sur lesquels le Slave lutte contre l'invasion
intellectuelle et politique de l'Italie et de l'Allemagne.
La ville n'a, du reste, rien de remarquable qu'un
château gothique un peu ruiné, sur une acropole, et
le tombeau du roi Charles X.

Avant d'arriver à Trieste, le chemin de fer longe
pendant quelque temps la mer Adriatique, au milieu
d'un pays désolé, un horrible amas de pierres. Cette
contrée, dévastée et desséchée par le vent, s'étend
assez loin vers le nord ; mais mes yeux sont attirés du
côté de la mer par le plus magique spectacle : le
soleil se couche derrière quelques collines au-dessus
d'une petite anse, à l'est de Montefalcone. L'horizon
est inondé d'une lumière rutilante, que la nappe
tranquille de la mer reflète avec des teintes nacrées et
adoucies. Le disque du soleil est du plus beau rouge,
et une colonne de feu large comme le diamètre de
l'astre plonge dans l'eau. Les derniers reflets du
jour éclairent au loin la ville de Trieste, la côte de
l'Istrie à perte de vue, et quelques voiles de couleur rougeâtre qui voguent sur la mer parfaitement
unie. A cette distance, on ne s'aperçoit pas qu'elles
avancent.

Le train s'arrête assez longtemps à Nabresina, et
continue dans la direction de Vienne, tandis qu'un

embranchement mène à Trieste. Nabresina est un mot slave. Généralement, quand vous rencontrez dans la géographie des *na*, des *po*, des *za*, soyez assurés que vous vous trouvez dans un pays slave. Aussi bien, toute la campagne autour de Trieste, et la basse classe dans la ville, appartiennent-elles à la nation slovène, dont elles parlent la langue. Le type est, d'ailleurs, facile à reconnaître. Voici, par exemple, une jeune servante d'apparence agréable. Cette fille n'est pas précisément jolie, mais elle est douée de quelque grâce. Elle n'a pas la naïveté des Allemandes, cette naïveté dont on se demande toujours si elle est réellement naïve; mais la petite Slovène a peut-être plus de véritable abandon : elle ne *pose* pas le moins du monde, même pour le naturel. Il n'y a pas l'ombre de coquetterie dans son maintien ni dans son allure, et cependant un sentiment assez profond de *féminité*. Les cheveux épais sont blonds; mais la peau n'a pas la même blancheur ni surtout la même transparence que chez les Anglaises. La taille est forte, sans épaisseur, soutenue par une brassière qui laisse voir les manches de la chemise. La bouche est grande et un peu ouverte. Les yeux sont très-remarquablement clairs, mais pas bleus. Les pommettes, le nez court sont si bien caractérisés, que j'ai pu, de souvenir, faire le portrait de cette jeune fille.

Quand j'étudiais ce type, ma pensée se reportait involontairement à l'époque où les Avares attelaient à leurs chars les femmes slaves. Que Charlemagne a été bien inspiré de venir secouer de sa rude main ces conquérants sataniques !

Dans ces parages on montre une 'butte qu'Attila fit élever pour contempler l'incendie de la grande ville d'Aquilée.

Je m'arrêtai à Trieste, qui, dans la langue serbe, s'appelle *Trst*. Si vous trouvez que c'est difficile à prononcer, c'est que vous ignorez la valeur de la lettre R dans cette contrée, où l'on prétend que c'est une voyelle : ainsi les Serbes écrivent leur nom de peuple avec ces trois lettres : *Srb*.

II

[SAINT FRANÇOIS D'ASSISE A DOUBROVNIK.

Ma bonne étoile me conduit à l'*Antico caffé Tommaso*, où je fais la connaissance d'un vieux moine, originaire des Bouches de Cattaro. Il porte naturellement un nom en *itch;* nous l'appellerons simplement, si vous voulez, frère Angelo. Il avait alors quatre-vingt-deux ans bien comptés, et il les portait encore assez gaillardement dans un corps amaigri. Pendant son enfance, le frère Angelo avait vécu à Perasto, sous la domination vénitienne, dont il parlait toujours avec plaisir, plutôt sans doute par tradition que par des souvenirs personnels. A l'âge de seize ans, il avait été trompette des dragons dans l'armée française, et il ne pouvait pas se défendre d'une certaine émotion quand il parlait du maréchal Marmont et du général Lauriston, dont il avait tenu le cheval par la bride. Il avait escorté, dans un voyage au Monténégro, le colonel français Vialla de Sommières, envoyé alors par Napoléon Ier auprès du vladika Pierre II. C'est un homme très-fin, mais doux et expansif. Il aimait à me raconter les traditions de tous les temps sur la république de Raguse et sur les Bouches de Cattaro.

Un jour il me rappelait que saint François d'Assise s'arrêta à Raguse (Doubrovnik) pendant le voyage qu'il entreprenait pour aller vers le soudan d'Égypte ; le Sénat de la République le reçut avec les plus grands honneurs. Le saint fut émerveillé de la piété des habitants et il donna sa bénédiction à la République, en prédisant qu'elle conserverait son indépendance aussi longtemps qu'elle ne permettrait pas de bâtir sur son territoire une église schismatique.

Le souvenir de cette prédiction resta profondément gravé dans l'esprit des patriciens de Raguse, qui empêchèrent la construction même d'une chapelle schismatique, malgré les instances des Slaves de rite grec qui, de la Herzégovine, venaient en grand nombre se réfugier sur le territoire de la République. L'impératrice de Russie, Catherine II, fut très-irritée de la hardiesse du Sénat, qui ne permettait même pas au consul de Russie d'avoir une chapelle dans sa maison.

C'était le moment où la flotte russe, commandée par Alexis Orlov, faisait une manifestation théâtrale

sur les côtes du Péloponèse pour susciter le réveil de
la nation grecque. L'occasion parut favorable pour
opprimer la nation ragusaine. En 1768, l'amiral commandant cette escadre libératrice des chrétiens d'O-
rient reçut l'ordre de confisquer tous les navires ragusains qu'il rencontrerait. Orlov fit même une dé-
monstration hostile contre Raguse. Toute l'Europe,
dont l'opinion était alors éveillée par la guerre des
Russes contre la Turquie et surexcitée par les philoso-
phes français, suivait avec attention cette querelle, en
déplorant la folie et le fanatisme des Ragusains. L'Impératrice en fut pour la honte d'avoir déployé la force
de son immense empire contre une petite république,
avec laquelle elle fit la paix l'année suivante sans
avoir rien obtenu.

Au commencement de ce siècle, l'esprit philoso-
phique avait fait des progrès. Le Sénat se trouva composé de gens *éclairés*, d'esprits forts qui devaient sourire de la prédiction de saint François. Beaucoup de
Bosniaques schismatiques et de Serbes s'étaient réfu-
giés sur le territoire hospitalier de Raguse et s'y
étaient établis comme négociants. Ils adressèrent une
pétition au Sénat pour obtenir l'autorisation de construire à leurs frais une église de leur rite. Les séna-
teurs s'empressèrent d'accéder à cette demande. L'é-
glise était à peine finie que les Français occupaient
Raguse : un aide-de-camp du général se présenta un
jour au Sénat et lui annonça brusquement que la
République avait cessé d'exister.

III

LA RÉPUBLIQUE DE POLITZA.

Ne dois-je pas, comme Français, quelques lignes de souvenir à une autre république, dont bien des historiens ignorent jusqu'au nom ?

Il y eut souvent en Bosnie, pendant le moyen âge, des révoltes des paysans contre leurs seigneurs. Au xiiie siècle principalement, les rois de Hongrie étaient souvent impuissants à protéger les seigneurs contre la révolte, les paysans contre l'oppression. Des seigneurs, chassés par leurs vassaux, se réfugièrent dans la chaîne appelée Mussor (*Mons aureus*) à l'endroit où la rivière Cettina est forcée par cette montagne de faire un détour avant de se jeter dans la mer Adriatique auprès d'Almissa. Ils y formèrent un État qui resta indépendant sous la protection de la puissante Venise.

La république de Politza était composée de douze paroisses en quatre villages, et ne compta jamais que quelques milliers d'habitants. La capitale était à Gatta, auprès de laquelle se trouve une vallée entourée de douze rochers représentant les douze paroisses. Chacun avait ainsi sa place assignée dans les réunions générales.

Chaque commune se rassemblait sur son territoire,

le jour de Saint-Georges, pour élire le mali-knèse
(petit chef). Le curé de la paroisse préside la séance ;
il place à terre deux manteaux ; l'un représente l'ancien mali-knèse, et l'autre le candidat que le curé
propose. Chacun des chefs de famille jette une pierre
sur l'un ou l'autre manteau. Celui qui a obtenu le
plus de pierres est proclamé mali-knèse. S'il y a égalité, le curé décide l'élection en jetant sa pierre.

Après cette nomination, les douze paroisses se rendent processionnellement dans la vallée aux rochers,
avec leurs mali-knèses et leurs curés en tête. Là se
trouvent réunis les dignitaires de la république : le
veliki-knèse (grand chef), le voïvode ou chef de la
force armée, le tchauch ou chancelier, l'archiprêtre
de Gatta et le doyen. Les anciens dignitaires rendent
compte de leur gestion ; ils remettent aux mains de
l'archiprêtre les sceaux de l'Etat et la caisse. On procède ensuite à l'élection des nouveaux dignitaires.
Chacun des mali-knèses jette une pierre sur un manteau, ou pour maintenir les anciens ou pour accepter
ceux que l'archiprêtre a proposés. Le lendemain on
plante devant la maison du veliki-knèse le plus grand
peuplier qu'on ait pu trouver dans le pays. C'est le
commencement d'une fête qui dure six jours, après
lesquels deux envoyés vont annoncer au doge de
Venise que la république de Politza a terminé ses
élections.

La religion de cet État a toujours été strictement
la catholique romaine. Le service divin était en langue

slavonne et les livres en caractères glagolitiques. Le séminaire a été à Priko près Almissa, jusqu'au moment où Zmajevitch, évêque de Zara, fonda un séminaire glagolitique dans cette ville. Plus tard, ce séminaire est devenu latin, mais on y enseigne toujours le glagol.

Le clergé était ignorant. Toute son activité d'esprit était bornée à la lecture du bréviaire et du missel.

Les habitants ont été souvent accusés de relations avec les pirates, auxquels ils auraient donné asile dans leurs montagnes; mais aucun vol ne se commettait dans l'intérieur de la république. Les lois, ou plutôt la coutume, étaient d'ailleurs très-sévères : tout voleur était lapidé dans une réunion générale des paroisses. Aussi l'usage des serrures y était-il inconnu. Les portes restaient ouvertes de jour et de nuit, même quand les maîtres n'y étaient pas.

La nature du terrain n'étant pas favorable aux céréales, les habitants se livraient beaucoup à la culture du tabac. La république de Politza était aussi renommée pour ses fruits, particulièrement pour les cerises. Pendant la meisson, les Politziens, comme les autres montagnards de la Dalmatie, allaient travailler dans les plaines et surtout dans les îles de la Dalmatie. Leur seule industrie était la fabrication de plats et de cuillers en bois.

Les armes de la république avaient été d'abord l'image de Saint-Luc; mais comme on se moquait des

olitziens à cause du bœuf, ils adoptèrent Saint-
eorges. Leur drapeau était le hongrois uni à celui
e Venise.

Lorsque le gouvernement autrichien occupa pour
a première fois la Dalmatie, il ne fut rien changé au
rt du petit État. Le lion de Saint-Marc disparut et
étendard hongrois resta seul.

En 1807, la malheureuse république se laissa
ntraîner à aider les Russes qui débarquaient en
almatie pour y combattre les Français. Vainqueurs
es Russes à Klobuk et à Almissa, le général Mar-
ont fit entrer ses troupes sur les terres de Politza.
omme il n'avait pas la moindre idée d'avoir affaire
un État indépendant, dont aucun Français n'avait
tendu parler, il traita les Politziens armés comme
s rebelles. Quelques mali-knèses et quelques curés
rent fusillés et les villages eurent beaucoup à souf-
r. Ainsi périt une ancienne république. En méditant
r cetta histoire, j'admirais, dans sa portée philo-
phique, le scrupule religieux des bramanes indiens
i époussètent un siége avant d'y prendre place,
n de ne pas s'exposer à donner la mort, sans s'en
ercevoir, à un petit être vivant.

Aujourd'hui les Politziens sont de paisibles monta-
ards. Ils ne veulent pas, comme nobles, être con-
dus avec les paysans morlaques, lesquels se
quent de cette prétention en accusant leurs voisins
tre adroits et perfides comme des juifs. Les Polit-
ns ont une prédilection pour le costume hongrois

et ils portent, comme les Avares, une tresse d
cheveux retombant sur le dos.

IV

DOUCHAN ET MILOSCH A CATTARO.

Fra Angelo se plaît surtout à raconter les tradition
et à rappeler les événements qui se rapportent au
Bouches de Cattaro. Comme tous les *Bocchèse*, il es
profondément attaché à sa patrie.

Les Bocchèse vivent de la mer : ce sont les meilleur
marins de l'Autriche ; ils ont près de trois cen
navires qui naviguent sur toutes les eaux. Aussi es
il très-ordinaire de rencontrer dans le golfe de
hommes qui ont fréquenté Smyrne, Constantinopl
Odessa, Alexandrie. Beaucoup sont allés en Amériqu
et dans les Indes. Ils vivent pendant des années loi
de leur maison, mais toujours pour y rentrer : ils or
ce proverbe : « On peut aller partout, pourvu qu'o
revienne dans les Bouches... avec de l'argent. »

Voici ce que Fra Angelo raconte sur l'origine d
Cattaro. C'était au temps de l'empire des Serbe
avant la conquête de la Turquie d'Europe par le
Turcs. Etienne Douchan, tsar, c'est-à-dire empereu
avait commencé à creuser les fondements de Cattar
lorsqu'il lui apparut une de ces fées slaves que le
Serbes appellent *Vila* et les Bulgares *Samovila*. Ell

lui fit voir qu'à l'endroit qu'il avait choisi les navires ne pourraient pas aborder, et qu'il n'y avait pas même l'espace pour qu'un cheval pût tourner. Douchan-Tsar suivit le conseil et bâtit la ville tout près de la mer, là où elle est aujourd'hui. On voit encore dans le voisinage une grande escavation et un souterrain à l'endroit où les premières fouilles avaient eu lieu.

Douchan alors invita à un grand banquet tous les seigneurs serbes et la Vila bienfaisante. Il se vantait de la belle ville qu'il avait bâtie, en oubliant de parler du conseil qu'il avait reçu et suivi. Alors la Vila, pour l'humilier, lui dit qu'il n'eût rien fait sans son secours, et l'empereur en fut tellement irrité qu'il la frappa de sa main au visage. La Vila, pour se venger, empoisonna toutes les sources du pays, et les invités devinrent tous fous. Le tsar conjura la Vila de rendre la raison à ses hôtes et d'assainir les sources. Après beaucoup de supplications, il obtint la guérison de ses hôtes, mais la Vila ne voulut désempoisonner qu'une seule source, celle qui se trouve à la porte méridionale de la ville. Depuis lors, c'est la seule source qui soit douce; toutes les autres écoulent une eau salée, surtout pendant les grandes chaleurs de l'été.

Parmi les traditions serbes des Bouches de Cattaro, Fra Angelo aimait aussi à réciter un chant populaire sur Milosch Obilitch, l'un des héros de la résistance contre les Turcs au xive siècle. Nous sommes à l'époque où un successeur de Douchan-Tsar régnait encore sur tous les pays serbes et tenait sous sa domination les Bouches de Cattaro, dont les habitants étaient déjà, comme ils sont encore aujourd'hui, catholiques et latins. Rien ne peut mieux faire connaître ces populations que leurs chants populaires ; ils y ont leur esprit et leur cœur.

Je crois que le chant de *Milosch chez les Latins* n'a pas encore été donné en français. Vous trouverez sans doute un peu longue l'énumération des monastères fondés par les princes serbes pour le salut de leur âme (*za doujbine*) ; mais c'est un trait caractéristique qui doit être conservé.

Milosch chez les Latins.

Bon Dieu ! quelle merveille !
Quand le glorieux prince serbe Lazare
Envoya son gendre Milosch Obilitch
Chez les Latins pour réunir le tribut,
Les Latins le reçurent magnifiquement.
Ils l'accueillirent avec des honneurs seigneuriaux,
Puis ils le menèrent devant la blanche église,
Devant la blanche église de Saint-Démètre.
Et la Seigneurie latine se vantait ainsi :
« Regarde ! Vois-tu, voïvode Milosch !
« Vois-tu notre église de Saint-Démètre ?
« Comme elle est belle et comme elle est grande !
« Vous n'avez pas, vous, de telles églises. »

Le voïvode Milosch leur dit :

« Vous êtes sage, Seigneurie latine,

« Vous êtes sage, mais vous parlez follement.

« Si vous connaissiez nos monastères

« Et les fondations mortuaires de nos glorieux tsars,

« Comme elles sont belles et comme elles sont grandes !

« Si vous voyiez la laure de Stoudenitza,

« Non loin de Novi-Bazar !

« Si vous voyiez l'Echelle de saint Georges

« Auprès des vieux palais de Dégévo,

« La fondation du tzar Siméon !

« Si vous voyiez le merveilleux, le sans-pareil,

« Le blanc monastère de Kilindar, au milieu de la mon-

« La fondation de saint Sava   [tagne sainte d'Athos,

« Et de son père Siméon !

« Si vous voyiez Jitcha, sur la Morava,

« Et auprès d'Ibra, au-dessus de Karanovatz,

« Sopotchani aux sources de la Ratchka,

« La fondation de saint Etienne, roi serbe, le premier

« Si vous voyiez la grande Papratcha,   [couronné !

« Au-dessus de Zvornik, aux sources de la Spretcha,

« Auprès de la grande montagne de Borogova,

« La fondation du joupan Voukan !

« Si vous voyiez la haute Detchani

« Auprès de la blanche ville de Prisrend,

« Fondation du roi Etienne Detchanski !

« Si vous voyiez la blanche, la blanche Ratcha,

« Auprès de Sokol sur la rivière Drina !

« Si vous voyiez la belle Tronoscha,

« Auprès de Loznitza et de la rivière Tronoscha,

« La fondation des frères Jougovitch !

« Si vous voyiez la glorieuse Ravanitza,

« Dans la Resava, au-dessous de Paratchina,
« La fondation de notre hospodar régnant,
« De notre hospodar, le glorieux prince Lazare!
« Et tant d'autres monastères serbes,
« Si vous les voyiez, vous seriez émerveillés,
« Comme ils sont beaux et comme ils sont grands!
« Qu'est-ce que c'est que votre église de Saint-Démètre?
« Je vais, à l'instant, faire passer par dessus
« Cette lourde massue lancée de ma main. »
Mais les Latins ne voulurent pas y croire,
Et ils firent une gageure avec Milosch
Pour mille jaunes ducats.

Milosch prend sa massue emplumée
Et retrousse ses blanches manches;
Puis il prie ainsi le vrai Dieu :
« Pardonne, Dieu! blanche église, pardonne!
« C'est par-dessus toi que je vais lancer ma massue,
« Ce n'est pas sur toi, mais par-dessus de toi. »
Puis il lance sa massue emplumée.
La massue disparaît dans les nuages.
Les uns disent : « Elle a dépassé. »
Les autres disent : « Elle n'a pas dépassé. »
Les troisièmes disent : « Elle est encore en l'air. »
Lorsque la massue ailée revient
Des nuages par-dessus la blanche église,
Elle frappe le palais du Ban ;
Elle brise les appartements vitrés,
Ell y tue deux fils du Ban,
Et quatre généraux de mer
Et douze grands patriciens.
Quand la Seigneurie latine voit cela

Elle saisit le voïvode Milosch
Et le jette au fond d'une prison.

Milosch regarde souvent par la fenêtre
S'il ne pourra pas apercevoir quelqu'un.
Enfin il aperçoit Costa le tsigane.
Il se met à l'appeler fraternellement en Dieu :
« Frère en Dieu, Costa le tsigane,
« Voici trois jaunes ducats pour toi :
« Apporte-moi une feuille de papier à lettre,
« Une feuille de papier sans rien d'écrit. »
Costa accepte les ducats pour Dieu ;
Il lui apporte une feuille de papier,
Une feuille de papier sans rien d'écrit.
Milosch s'asseoit pour écrire une lettre menue
A son beau-père, le prince serbe Lazare.
Il n'écrit pas avec quoi on écrit les lettres ;
Mais il écrit avec du sang de son visage,
Et lui dit ce qu'il en est et comment c'est arrivé.
Lorsque la lettre parvient à Lazare
Et qu'il voit ce que la lettre lui dit,
Il regarde la lettre et il en écrit une autre,
Qu'il envoie à la Seigneurie latine.
Dans la lettre, il parle ainsi :
« Ecoutez, Seigneurie latine !
« Relâchez-moi mon gendre Milosch ;
« Remettez-lui le tribut territorial
« Et les mille ducats de la gageure.
« Si vous ne le relâchez pas immédiatement,
« Que ma foi me vienne alors en aide !
« Je lèverai contre vous les Serbes et les Madgiars ;
« Je saccagerai tout votre pays,

« Je le saccagerai et je le brûlerai au feu. »
Quand les Latins ont étudié cette lettre,
A l'instant même ils relâchent Milosch ;
Ils lui donnent le tribut territorial
Et les mille ducats de la gageure.

A Cattaro, on raconte que le fait est arrivé dans cette ville ; on y montre une maison qui aurait été bâtie sur l'emplacement du palais du Ban.

A défaut de documents plus précis, ces traditions traduisent l'impression que la domination des princes de la Serbie a laissée dans les Bouches de Cattaro. Elles jettent aussi une vive clarté sur les sentiments des Serbes.

Vous aurez été frappé comme moi du soin avec lequel Milosch énumère les nombreuses fondations des princes serbes : il s'y applique avec une satisfaction visible et une sorte de fierté. Pour que ces énumérations, qu'on retrouve dans d'autres chants, aient pris place dans les compositions populaires, il faut que le sentiment religieux ait été, à cette époque du moins, très-profond et très-sincère chez la nation serbe. C'est ce qui résulte, du reste, des chants sur la guerre de Kossovo, dont j'aurai occasion de parler dans la suite. Les princes d'avant la conquête turque n'ont pas signalé leur piété seulement par de nombreuses fondations *pour l'âme :* plusieurs se sont retirés dans les monastères et sont des saints. Mon guide, Fra Angelo, croit que la conquête musulmane a affaibli chez les Serbes le sentiment religieux qu'elle exaltait chez d'autres peuples. Il en donne pour preuve que le cycle épique de Marko Kralievitch, où sont reproduits les sentiments qui ont suivi immédiatement la lutte et la conquête, est déjà loin de présenter le caractère si profondément religieux des chants relatifs à la guerre de Kossovo.

Je dirai maintenant quelque chose de la domination vénitienne.

V

VENISE CHEZ LES SLAVES

Lorsque les Turcs eurent détruit l'empire serbe, les Bouches de Cattaro tombèrent au pouvoir des Vénitiens, qui n'occupèrent cependant que la zone où leurs flottes pouvaient agir. L'intérieur du pays resta entre les mains des Turcs.

La République de Venise ne chercha jamais à imposer son administration aux Slaves des Bouches : elle se contentait ordinairement d'occuper Cattaro et Budva, où elle entretenait des provéditeurs relevant d'un provéditeur général résidant à Zara, en Dalmatie. Les habitants des Bouches conservèrent leurs lois, leurs coutumes. Les procès civils et criminels étaient instruits dans la langue du pays. Les magistrats étaient indigènes et élus chaque année par la population ; l'hérédité fut maintenue là où elle existait du temps des Serbes. Ces chefs étaient libres et fiers ; ils se considéraient comme de grands personnages. On disait communément là-bas des quatre Knèzes de Gerblaï, que le doge de Venise se serait levé de son siége, s'il les avait vus entrer dans la magnificence de leurs vêtements et de leurs armes.

Loin de demander de l'argent à ses sujets, Venise leur en apportait. Beaucoup des petits chefs héréditaires ou élus recevaient des pensions de la République. Venise n'imposait donc aucune charge aux habitants, qui étaient seulement tenus de défendre le pays contre les Turcs, ce dont ils s'acquittaient volontiers, sous la bannière vénérée et aimée de Saint-Marc. Rencontre-t-on souvent une domination aussi généreuse, et, comme on dirait aujourd'hui, aussi *libérale ?* Disons : aussi *chrétienne,* et ajoutons : aussi intelligente.

Les arts à Venise reflètent en traits éclatants le caractère dominant de cette république, c'est-à-dire l'enthousiasme religieux et patriotique, comme M. Rio l'a si bien fait ressortir dans son ouvrage sur l'*Art chrétien.* Personne ne comprendra ce qu'a été Venise, s'il n'a longtemps contemplé et admiré les tableaux qui représentent tant de doges à genoux devant la sainte Vierge.

En regardant ces images si nobles, si vivantes, qui sont un des triomphes de l'art, on entend sortir de leurs bouches ce verset qui était familier à Venise et qui est encore inscrit sur le palais Vendramin : *Non nobis, Domine, non nobis, sed nomini tuo da gloriam.* « De tout temps, disait J.-B. Cornaro dans sa profession de foi, il y a eu deux autels érigés dans mon cœur, l'un à Dieu, l'autre à ma patrie. » Voilà qui explique pourquoi, de tous les pavillons qui se sont succédé dans la domination des mers, c'est celui de Venise qui a laissé les souvenirs les plus profonds et les plus touchants.

Fra Angelo montrait une émotion qui ne lui est pas habituelle, lorsque, du haut des collines qui dominent Trieste et la mer Adriatique, nous nous rappelions les derniers moments de la domination vénitienne dans les Bouches de Cattaro.

A Venise, comme partout, la dépravation intellectuelle et morale du xviiie siècle avait éteint l'enthousiasme religieux et patriotique ; mais les populations éloignées du centre de la corruption et de la décadence suivaient encore fidèlement le lumineux sillage, lorsque le navire avait déjà sombré à l'horizon. A Perasto, dans la patrie de Fra Angelo, lorsque l'ordre arriva de remplacer par un autre le drapeau vénitien, tous les habitants s'assemblèrent dans la principale église. On célébra le service des morts pour la bannière de Saint-Marc, qui fut ensuite ensevelie sous le maître-autel comme une relique nationale.

En Dalmatie et dans les Bouches de Cattaro, l'Italie unifiée n'a pas hérité du prestige de Venise. L'effet opposé s'est produit. L'italianisme a suscité le slavisme. Le sentiment national, sur toute la cote orientale de l'Adriatique, se traduit aujourd'hui par une hostilité violente contre l'Italie.

Les dominations qui ont suivi celle de Venise n'en ont pas effacé le souvenir. J'ai remarqué, cependant, que les Dalmates ne nourrissent aucun sentiment fâcheux contre les Français, bien au contraire. On nous rappelle avec plaisir quelques bienfaits passés : la première route qui ait longé le pays, de Zara à Cattaro, et qui a été faite par Marmont ; l'envoi, par Napoléon Ier, de cent jeunes Croates dans nos écoles militaires. Tout Croate se plaît à raconter que Napoléon Ier a dit, à Sainte-Hélène : *Mes braves Croates*. C'est leur titre de noblesse dans le concile des nations. En tous ces pays, l'occupation française a éveillé et imprimé un mouvement. Le Père Angelo n'aime pas les idées de la Révolution que la France portait **avec** elle. Je dois cependant traduire ici une impression que j'ai trouvée chez lui et ailleurs ; je veux parler de l'effet produit par l'éclat des sanctuaires et des pèlerinages. Notre-Dame-des-Victoires et la grotte de Lourdes nous ont valu à l'étranger une gloire et une sympathie que bien des Français ne soupçonnent pas. La *France-Sanctuaire* fait pardonner la *France-Révolution*.

CHAPITRE II

MONTÉNÉGRO

J'avais fait à Trieste la connaissance d'un Français qui parcourt ces contrées depuis plusieurs années. Il achète de la graine de ver à soie et des cocons pour une maison du Midi. Entrant un jour à *l'antico caffé Tommaso*, je l'y trouvai en compagnie d'un Allemand qu'il avait ramassé je ne sais où. Le nouveau venu se rendait en Dalmatie pour le commerce des éponges, l'un des produits de la mer Adriatique. C'était un homme très-instruit, mais il me fit l'effet de n'avoir pas encore digéré tout ce qu'il avait appris dans sa jeunesse pour conquérir un grade assez élevé à l'Université de Bonn.

De l'autre côté de la salle, deux Monténégrins, en grand costume comme toujours, étaient assis gravement devant une table sur laquelle il n'y avait aucun objet de consommation ; c'est une habitude du pays. Je me mis immédiatement à crayonner une esquisse de ces deux personnages. L'un d'eux, un adolescent, n'offrait absolument rien de remarquable ; mais l'autre, un vieillard, avait un caractère très-prononcé de fermeté et de bonhomie. La moustache était longue, la face osseuse, la tournure dégagée, les épaules larges et un peu hautes, la taille élancée. Lorsqu'il s'aperçut qu'il était l'objet particulier de mon attention, il n'en fut nullement troublé ; mais un observateur attentif aurait remarqué que sa pose devenait quelque peu théâtrale, tandis que le plus jeune conserva jusqu'au bout la même insignifiance.

Pendant que je m'appliquais à saisir le trait caractéristique des physionomies et à reproduire les particularités du brillant costume tout de drap blanc, notre voisin allemand jetait de temps en temps sur mes modèles quelques regards presque farouches, et il avait engagé avec le négociant français une conversation animée que je vais essayer de reproduire.

L'Allemand. — Ce sont des brigands fieffés. On ne peut pas approcher de leur pays sans y laisser le nez, les oreilles, si pas toute la tête. Quant à la bourse, il est inutile d'y penser.

Le Français. — Telle est leur réputation.

L'Allemand. — Des gens qui se font trépaner toutes les fois qu'ils ont la migraine !

Le Français. — Je suis d'autant mieux édifié sur leur compte, que, tel que vous me voyez, je me suis laissé entraîner dans leur repaire.

L'Allemand. — *Famos!* Vous paraissez pourtant être revenu avec tous vos membres.

Le Français. — J'étais plus jeune, ce qui explique l'extravagance de ma conduite. Je me trouvais alors bien tranquillement dans la bonne ville de Scutari, chef-lieu d'un grand pachalik turc. *Tranquillement* est une manière de parler, car il fallait dans chaque maison fermer les volets dès qu'on allumait la lampe, sous peine de recevoir un coup de fusil par le trou carré qui sert de fenêtre. J'eus l'imprudence de vouloir aller au Monténégro.

Or, il y avait précisément alors une guerre déclarée entre les Albanais et les Monténégrins, et voici à quel propos. Les Albanais avaient enlevé deux bœufs monténégrins, et le berger avait disparu aussi. Au lieu de citer le coupable devant le cadi, comme auraient fait des hommes civilisés, les Monténégrins ravirent aux Albanais le double de bœufs avec le berger qui les gardait.

L'Allemand. — Les tribunaux du pays auraient puni le ravisseur.

Le Français. — Cela ne s'est pas encore vu, mais il y a commencement à tout. Par un temps de *tchéta*, comme disent ces barbares, il n'est pas prudent de passer au Monténégro en venant de l'Albanie, et réciproquement, sur une barque conduite par des hommes, car la fusillade peut commencer à toute rencontre. On me plaça donc dans une barque conduite par dix-huit femmes albanaises. Ces barbares, Albanais ou Monténégrins, ont le préjugé de respecter non-seulement les femmes, mais l'homme qui s'est placé sous leur protection.

L'Allemand. — C'est le monde renversé! Je vous déclarerai cependant, monsieur, que ce que vous appelez *préjugé* est un sentiment tout à fait chevaleresque, et qui honorerait même un Allemand de la Confédération de l'Allemagne du Nord!

Le Français. — Mes rameuses étaient de fortes gaillardes! Quels bras, monsieur, et quels bas de jambes! et quelles encolures! Seul, au milieu de ces caryatides vivantes, je n'étais pas trop rassuré. Que vouliez-vous qu'il fît contre dix-huit? Je pensais au sort d'Orphée.

La traversée du lac de Scutari ne présenta, toutefois, aucun incident. Nous arrivâmes enfin à une rivière, vers l'autre extrémité. Bientôt la petite ville monténégrine de Riéka nous apparut. Je fus d'abord frappé de la propreté des constructions. Chose étonnante! il y avait un pont : il s'est effondré deux fois; mais on l'a refait deux fois, et il tient. Je me reportai par la pensée à ce que j'avais laissé à Scutari, où, les digues étant rompues depuis plusieurs années, la Boïana inonde le pays, si bien qu'il avait fallu me porter à bras dans le bateau.

L'Allemand. — *Das ist colossal!*

Le Français. — Au moment où j'approchais du quai de Riéka, car il y a un quai à Riéka, une douzaine environ de ces Monténégrins étaient assis, qui sur un banc, qui par terre, ou accroupis le long du mur, fumant la cigarette ou la pipe avec quiétude, comme s'ils avaient la conscience tranquille.

L'Allemand. — Dites plutôt : avec cet horrible sang-froid que donne l'habitude du crime.

Le Français. — Les barbares étaient vêtus, je dois le dire, très-proprement, et leur groupement était assez pittoresque. La barque n'était pas arrêtée, que l'un d'eux se leva sans rien dire. Je pensai que c'était le chef des brigands; mais, suivant l'usage, il ne portait aucun insigne révélateur. Il saisit la gaffe que lui tendait une rameuse, puis l'avant de la barque, qu'il fit accoster avec beaucoup de précaution, comme si nous avions été ses enfants. J'ai oublié de vous dire qu'ils étaient tous armés jusqu'aux dents, avec des armes étranges et brillantes.

L'Allemand. — *Dast ist enorme !*

Le Français. — Je me suis dit : Tu n'as pas la force; fais bonne contenance; marche tranquillement vers eux, calme et souriant comme s'ils allaient t'offrir l'hospitalité. *Moriturus vos salutat.*

L'Allemand. — C'était peut-être le seul moyen de leur imposer : *Si forte virum quem...*

Le Français. — Je me levai du banc d'arrière. Le chef des brigands, après avoir murmuré quelques paroles d'une voix assurée mais respectueuse, tendit, pour m'aider à descendre, sa large main, qui était très-propre.

L'Allemand. — Il venait de laver les taches de sang.

Le Français. — A ce moment tous les autres brigands s'étaient levés et se rapprochaient insensiblement, en manœuvrant de manière à me cerner de toutes parts. Je ne bronchai pas. De chaque côté j'étais soutenu légèrement sous le coude ; on ne disait pas un mot, et l'on m'entraîna dans l'intérieur du cabaret. Là, on me fit signe de m'asseoir sur un banc que l'un des brigands venait d'essuyer. Je vis bientôt apporter une petite coupe contenant une liqueur noire et fumante.

L'Allemand. — C'était pour vous empoisonner.

Le Français. — Je bus la potion sans rien dire, comme Alexandre le Grand, et avec une apparente confiance. La potion avait le goût de café.

J'avais pris mon parti de mourir ou de vivre au gré de mes hôtes, et, en attendant les premières coliques, je me laissai aller à la gaieté française.

L'Allemand. — Vous étiez empoisonné ?

Le Français. — C'est un poison subtil, mais si lent, qu'après vingt années je n'en ai pas encore ressenti les effets.

Pendant que je buvais, l'un des brigands avait bourré gravement et allumé avec soin une longue pipe. Il prit ensuite un mouchoir brodé pour essuyer le bouquin d'ambre, et il me tendit l'instrument de la main droite, en posant la gauche sur son cœur.

Je fis enfin comprendre à mes geôliers que je voulais parler à leur grand chef, et bientôt on m'introduisit devant Daniel Iᵉʳ. C'était un homme d'une trentaine d'années, rablé, de petite taille, au nez gros et retroussé, à l'œil vif. Il portait un costume exactement semblable à celui des autres brigands.

L'Allemand. — Sans doute pour ne pas être reconnu quand il les a guidés à quelque mauvais coup.

Le Français. — Daniel parlait notre langue et l'italien. Il me demanda des nouvelles de la France, qu'il aurait voulu connaître autrement que par la lecture assidue du *Journal des Débats,* ce que je compris facilement. Il me dépeignit son pays avec beaucoup d'entrain sous des couleurs toutes différentes de celles qu'on lui attribue généralement. Il cherchait à faire reconnaître par l'Europe l'indépendance dont il jouit en fait, et à annexer quelques territoires fertiles de la plaine; car, disait-il, les Monténégrins n'ont pas les moyens de vivre en travaillant, ce qui les entraîne ou à faire des razzias ou à s'expatrier. Ce dernier cas lui paraissait beaucoup plus regrettable que le premier.

L'Allemand. — *Natürlich!*

Le Français. — Comme j'exprimai au prince le désir de me rendre à Cattaro, en passant par sa capitale, il donna l'ordre de mettre à ma disposition son propre cheval et un guide. Nous nous quittâmes fort bons amis en apparence.

Le bidet se mit à gravir d'un air décidé, d'un pas sûr, et l'oreille en avant, les sentiers pierreux de la montagne.

L'Allemand. — Et le guide?

Le Français. — Le guide était une jeune fille de seize à dix-sept ans.

L'Allemand. — Piége! J'ai lu dans la *Gazette d'Augsbourg* que les brigands de l'Italie méridionale se servent volontiers de quelque complice féminin.

Le Français. — Je l'ai entendu dire aussi; mais que faire quand on a déjà la tête dans la gueule du loup?

L'Allemand. — Je me demande comment vous l'en avez tirée.

Le Français. — Je me le demande aussi à moi-même.

L'Allemand. — Vous n'y retourneriez pas, assurément.

Le Français. — Qui sait? Un Anglais s'est bien amusé, il y a quelques années, à descendre dans la fosse des ours à Berne et à agacer *Mani*, qui l'a mangé. Mais je vous déclare que je ne me suis avisé d'agacer qui que ce fût, pas même le bidet du prince. Je vous avouerai même que je me laissais insensiblement gagner à la courtoisie digne et respectueuse de ces barbares. Je restais, avec tout le monde, ce que nous appelons en français *bon enfant*, une expression que je n'essaierai pas de traduire dans votre langue.

L'Allemand. — Les Français plaisantent toujours! Continuez votre récit, monsieur le revenant. Je vous ai laissé seul, exposé à cette jeune fille, *perfide comme l'onde!*

Le Français. — Je cheminais à travers un pays qui n'est qu'un amas de pierres. On raconte en effet que le Créateur, pour en finir, y a vidé son sac de pierres, sans regarder. Il n'y a pas de système de montagnes et de vallées comme partout ailleurs.

L'Allemand. — *Quem dixere Chaos.* Il faudrait y envoyer Freiherr Haussmann.

Le Français. — La fille n'était pas jolie, mais insouciante, fraîche et robuste dans sa petite taille. Elle marchait d'un tel pas que le bidet avait peine à la suivre. Là où l'espèce de sentier faisait un zigzag, elle gardait la ligne droite par des escarpements qu'une chèvre aurait difficilement escaladés. Je m'aperçus bientôt qu'elle portait sur le dos un paquet assez lourd. Que je sois assassiné par les siens, pendu ou empalé bientôt, c'est leur affaire; mais on est chevalier français ou on ne l'est pas. Je dis donc à la fille, de ma voix la plus douce : « Petite sœur, mets ton paquet sur le cheval. »

Ma brigande ne rougit pas, comme aurait fait certainement une honnête Allemande, et même une Allemande qui ne serait pas honnête; elle déposa sans façon le fardeau sur mon cheval. Lorsque nous fûmes arrivés auprès de l'endroit appelé Dobrosco-Selo, la petite s'arrêta devant une cabane isolée et heurta du pied assez rudement à une porte basse, qui s'ouvrit aussitôt, comme si nous étions attendus. Il en sortit bientôt une vieille femme, et quelques mots furent échangés à voix basse.

L'Allemand. — Voici le moment tragique.

Le Français. — Ou plutôt comique, car la vieille

apporta un autre paquet que la petite prit sur son dos. Elle continua à courir aussi lestement que si la seconde charge eût été placée aussi sur le cheval.

Je ne vous raconterai pas ma station dans la capitale; je constaterai seulement qu'il n'y avait aucune tête de Turc sur la tour qui servait autrefois à ce genre de trophée.

Lorsque nous commencions à descendre, j'aperçus tout d'un coup, à une distance qui paraissait assez courte, mais à une grande profondeur, le golfe de Cattaro. Les eaux, resserrées quelquefois en d'étroits goulets, s'élargissent bientôt pour former, en une ligne capricieuse et recourbée sur elle-même, quatre grands bassins; les rives sont dentelées par des escarpements couverts de végétation, qui s'élèvent en pente douce, excepté dans la partie qui avoisine le Monténégro. La roche, qui couronne les contours brisés du golfe et qui se termine en longues arêtes effilées, apparaît tantôt blanche tantôt noirâtre, suivant qu'elle est exposée ou opposée aux rayons du soleil, tandis que les deux langues de terre qui séparent le golfe de la mer sont toutes vertes. Les villages tranchent, par leur blancheur et par leurs lignes heurtées, sur la couleur riante de la végétation qui les enveloppe et sur les eaux bleues qui les baignent. Au delà s'étend la mer Adriatique, semblable à une grande nappe bleue, qui se confond à perte de vue avec la voûte limpide du ciel bleu. Les voiles innombrables des pêcheurs tantôt se rassemblent en groupes, tantôt se dispersent comme un vol de cygnes sauvages. Quel malheur, si j'avais été tué par les brigands avant d'avoir contemplé ce spectacle unique dans son genre !

Mais pendant que le regard plonge dans l'infini, le pied foule encore le sol dur et ingrat du Monténégro.

Nous rencontrons en route un grand nombre de Monténégrins qui revenaient de Cattaro, où ils avaient vendu des légumes verts et des pommes de terre. La terre végétale qui les a produits a été recueillie avec amour comme de l'or, et apportée à dos d'hommes ou de femmes ; elle est soutenue par de petits murs, sur les pentes les moins exposées à être ravagées par les pluies torrentielles et les avalanches de pierres.

Les brigands gravissaient prestement, de leurs jarrets d'acier, la côte pierreuse. En passant à côté de moi, ils me saluaient du bonnet en disant : « Avec Dieu ! » et je leur répondais : « Avec Dieu, frère ! » Je remarquai que tous ces brigands portaient d'énormes parapluies.

A mesure qu'on approche de la frontière, le pays devient encore plus désert et plus nu. J'arrive enfin à la ville autrichienne de Cattaro, qui, bordée de rochers élevés, donne une idée du bout du monde. Je remets le bidet à la jeune fille et je lui laisse un écu dans la main, avec ces mots : « Je te remercie, petite sœur. » Elle répond : « Avec Dieu, frère. »

J'étais sauvé !

L'Allemand. — Hamlet dirait : *Strange, strange, very strange!*

Après cette explication, le vieux moine serbe, le négociant du Midi, l'artiste et le chercheur d'éponges trinquaient de bon cœur à la santé des Monténégrins et des Monténégrines.

CHAPITRE III

HERZÉGOVINE

I

LE PAYS ET LES HABITANTS.

La province de Herzégovine est habitée par une population homogène au point de vue de la race. Cette population est slave, du groupe qu'on appelle aujourd'hui *Serbo-Croate*. A ce groupe appartiennent également les habitants des contrées limitrophes, c'est-à-dire les Dalmates, les Bosniaques et les Monténégrins. La langue de toutes ces populations est la même, sauf quelques particularités difficilement perceptibles.

Sous le rapport religieux, les Herzégoviniens, comme leurs voisins les Bosniaques, sont partagés en trois communions : la catholique, l'orthodoxe grecque et la musulmane. Sur les 220,000 habitants que contient la Herzégovine, on compte environ 100,000 orthodoxes, 70,000 musulmans et 50,000 catholiques; mais ces évaluations ne sont rien qu'approximatives. Les catholiques hézergoviniens relèvent d'un vicaire apostolique résidant à Mostar. Leur clergé est indigène et de l'ordre de saint François. Il en est de même en Bosnie.

D'où vient le mot *Herzégovine*, lequel n'est ni slave ni turc? Il vient de l'allemand *Herzog*, qui veut dire duc. En 1440 l'empereur Frédéric reconnut le titre ducal à Étienne, qui régnait alors dans ce pays, que les historiens slaves appellent le duché de Saint-Sava, en souvenir d'un saint, frère d'un roi de Serbie. En 1481, le roi de Hongrie exerçait sur la Herzégovine une sorte de suzeraineté que les historiens magyars rappellent quelquefois, comme si elle pouvait un jour servir de base à des réclamations éventuelles. Ce pays est, il est vrai, séparé de la Hongrie par la Bosnie et l'Esclavonie ; mais la Bosnie pourrait être considérée à certains titres comme ayant fait partie de la monarchie de saint Étienne, à laquelle l'Esclavonie est encore rattachée aujourd'hui avec la Croatie.

En 1483, les Turcs s'emparèrent de la Herzégovine. Il se passa alors dans cette contrée, comme dans les contrées voisines de Bosnie et d'Albanie, un fait remarquable et qui est encore le nœud de la situation actuelle.

L'aristocratie se convertit à l'islamisme, c'est-à-dire à la religion du vainqueur, pour conserver ses priviléges. Les nobles chrétiens restèrent les seigneurs féodaux du pays, sous la condition du service militaire. Les spahis de la Herzégovine et surtout de la Bosnie fournirent, jusqu'au commencement du xixe siècle, cette brillante cavalerie féodale, qui a été l'une des forces vives de l'islamisme en Europe.

La masse du peuple resta fidèle à la religion chrétienne. Elle eut donc au-dessus d'elle une féodalité appartenant, il est vrai, à la même race et parlant la même langue, mais professant une autre religion. Cette circonstance ne contribua pas peu à rendre fort triste la situation du paysan chrétien. L'orgueil musulman avait rompu le lien qui rapprochait les seigneurs de leurs vassaux.

Les seigneurs, devenus beys, avaient conservé leurs noms de famille, leurs armoiries et toutes les habitudes féodales de l'Occident. Ce n'étaient pas des musulmans fervents : ils avaient encore la dévotion à saint Nicolas. Leur co-religionnaire de race osmanli leur inspirait, et il leur inspire encore une horreur particulière. Les beys ignorent généralement la langue turque et considèrent l'Osmanli comme un intrus. Les conquérants ne s'étaient pas, du reste, installés dans le pays de leurs personnes. En Bosnie, le gouverneur envoyé par le sultan n'avait le droit de résider à Serajevo que trois jours par an.

Un tel état social n'était guère compatible avec la nouvelle organisation administrative et les exigences du service militaire moderne. Les beys de la Bosnie et de la Herzégovine étaient, en effet, les ennemis naturels de la centralisation constantinopolitaine. Depuis le règne de Selim, la Bosnie et la Herzégovine furent dans l'état d'une insurrection au moins

latente et mêlée de quelques explosions violentes. La
Porte n'y exerça qu'une autorité nominale jusque
vers 1850.

A cette époque, il y eut un dernier soulèvement
provincial des beys bosniaques et herzégoviniens
contre la centralisation de Constantinople. L'insurrection fut facilement réprimée par Omer-Pacha. Le
principal personnage de la Herzégovine était alors
un certain Ali Rizvanbégovitch, homme de bonne
famille, qui avait son nid féodal à Stolatz, là précisément où l'insurrection a éclaté en 1875. Ali n'essaya
pas de résister aux forces supérieures des Turcs. Il se
rendit au camp d'Omer-Pacha, qui le fit arrêter et
garder à vue. Or, il arriva une nuit que, pendant le
sommeil du bey, le soldat qui le gardait vint *par
hasard* à s'endormir et à laisser tomber son fusil. Le
coup partit, et la balle arriva *par hasard* juste dans
l'oreille du malheureux Ali.

A partir de cette époque, l'autorité de la Porte fut
installée et fonctionna tant bien que mal, suivant le
système de centralisation dont le béotisme occidental
attend encore la régénération de l'Orient.

Les chrétiens, fort maltraités par leurs beys,
avaient aidé les Turcs à renverser le système féodal;
mais ils avaient changé de maître sans y rien gagner.
Ils furent d'abord désarmés par les nouveaux venus.
C'était les livrer sans défense aux anciens beys. Il y a
aussi une question territoriale extrêmement com-
pliquée et qui a longtemps troublé le pays. En ces-

sant d'être des chefs féodaux, les beys musulmans
étaient passés à l'état de simples propriétaires du
sol cultivé par les paysans. De là une série inex-
tricable de prétentions, et bientôt de conflits dans lesquels les chrétiens se plaignent toujours d'être vic-
timés par les fonctionnaires de la Porte.

Par la désorganisation du système féodal, les anciens beys avaient échappé en fait à toute obligation
du service militaire, car le gouvernement n'osait pas
y introduire le recrutement, et, comme musulmans
les beys ne payaient pas l'impôt destiné à compenser
le service personnel, tandis que les chrétiens y étaient,
assujettis. Voilà un avantage important à ajouter à celui
qui résultait de la substitution d'un droit de propriété
privée à une possession féodale grevée de lourdes obligations. On voit par là combien les beys, propriétaires
de la plus grande partie du sol, pouvaient opprimer
les malheureux rayas chrétiens.

Ces derniers ont, cependant, encore plus à souffrir de la rapacité des fonctionnaires turcs envoyés
dans leur pays depuis la reconquête de 1851. Le seigneur herzégovinien ou bosniaque traite, il est
vrai, très-durement le colon chrétien ; mais, comme
l'un et l'autre sont destinés à vivre à perpétuité
côte à côte, le seigneur a intérêt à ménager sa
vache à lait, tandis que le fonctionnaire de passage
n'est retenu par aucune considération de ce genre.
Pas de limite ni de frein à une rapacité que son inca-
pacité seule peut égaler.

Voilà un fait bien remarquable et bien constant que cette impuissance des Turcs à administrer directement certaines provinces chrétiennes ! Ce n'est pas qu'ils y mettent de la mauvaise volonté : non, la Porte est plus intéressée que personne à maintenir l'ordre et à introduire la prospérité dans des provinces qui pourraient lui rapporter beaucoup d'argent, si elles n'étaient pas continuellement troublées. C'est une impuissance organique et irrémédiable. L'Osmanli pourra être un *dominateur* tolérable ; il ne deviendra jamais un *administrateur* supportable. Les combinaisons compliquées des systèmes européens sont incompatibles avec sa nature. Comptez aussi que, dans les provinces où les musulmans sont puissants et nombreux, comme en Herzégovine et en Bosnie, le fonctionnaire turc n'aura jamais assez d'autorité pour faire appliquer, entre les différentes religions, l'égalité que les Hatti-Humayoun ou Chérif ont proclamée.

Enfin les chrétiens de la Herzégovine ont été aussi soumis à une autre calamité encore plus irritante. Des troupes irrégulières, connues sous le nom de *bachi-bouzouks*, étaient échelonnées le long de la frontière du Monténégro pour empêcher les razzias. La population chrétienne n'avait pas à souffrir de ces razzias, dirigées contre les musulmans du pays ou contre les fonctionnaires turcs. Au contraire, les Monténégrins protégeaient le plus souvent leurs coreligionnaires contre l'oppression. En revanche, les *bachi-bouzouks*, qui n'arrêtaient guère les razzias des Monténégriens, commettaient journellement sur la population chrétienne toutes sortes d'excès contre la propriété, contre la vie et contre l'honneur.

II

INSURRECTIONS CHRÉTIENNES.

Les chrétiens de la Herzégovine se soulevèrent pour la première fois en 1857. On a eu grand tort, à ce moment et plus tard, de chercher dans des excitations étrangères les causes du mouvement. Ces causes sont l'exploitation des cultivateurs par les beys, la rapacité des fonctionnaires turcs et les excès commis par les troupes irrégulières. Il n'y avait pas alors de perspective d'affranchissement, ou même de demi-affranchissement, ou d'une annexion à un État chrétien. C'est ce qui résulte de la pétition des chrétiens en 1858, un document très-éloquent dans sa forme naïve et touchante.

Pétition de 1858

Nous, malheureux habitants de Drobniak, de Piva et de Scharanzi, nous vous mandons que l'honorable Kiani-Pacha nous a écrit de nous rendre chez lui. Nous y serions allés certainement, mais nous ne l'osons pas, parce que nous craignons que les Po-Turtsi (c'est-à-dire les indigènes devenus musulmans) ne nous massacrent lorsque nous serons en route, et aussi que le Pacha ne nous emprisonne.

Si les malheureux chrétiens se sont mis en armes, c'est par l'effet des oppressions et des exactions de ces Turcs maudits et malfaisants qui nous ont ravi et qui ont mangé tout ce que nous avions, qui ont profané nos églises, qui insultent notre religion, et principalement qui prennent de force nos femmes et nos sœurs : nous faisons baptiser et élever les enfants que nos femmes et nos sœurs mettent ainsi au monde. C'est l'exacte vérité. C'est ce que les Turcs font en général aux chrétiens, mais particulièrement à nous, gens de Drobniak et de Piva, parce que nous avions dans nos villages des bandes de Turcs.

Depuis le jour où le général Omer-Pacha est venu en Herzégovine et en Bosnie, nous n'avons pas pris les armes contre notre souverain le sultan, nous misérables rayas. Nous l'attestons devant Dieu : nous nous élevons contre les gens qui sont les ennemis du sultan autant que les nôtres, contre de véritables malfaiteurs qui agissent contre les ordres du sultan. Nous appartenons à Dieu et nous sommes les sujets du sultan. Qu'on expulse ces malfaiteurs de notre pays !

On nous dit que le sultan envoie une armée contre nous : nous n'avons rien fait contre lui ; nous ne nous plaignons pas de lui. Malheureusement il écoute les malfaiteurs, et il les protège contre nous en envoyant des soldats. A quoi bon ? Qu'on expulse les malfaiteurs de nos villages ! Nous attestons devant Dieu que, si le sultan ne retire pas ces malfaiteurs, nous sommes prêts à mourir jusqu'au dernier et à détruire tout ce que nous avons. C'est en Dieu que nous avons confiance et en notre sultan, et aussi dans les puissances chrétiennes, qui n'abandonneront pas les misérables chrétiens au fer des Turcs malfaisants. Accordez-nous secours et protection!

Nous n'osons pas aller chez le pacha, si vous ne nous conseillez pas d'y aller. On assure bien que Kiani-Pacha est le fidèle serviteur du sultan, et qu'il est juste comme un père; mais nous craignons, car nous savons que, lorsque les malheureux chrétiens se soumettent, les Turcs coupent la tête à la moitié d'entre eux et gardent les autres en prison pour qu'ils se rachètent par une forte rançon. Pour l'amour de Dieu et du nom chrétien, venez à notre secours! Vous en avez le pouvoir et nous espérons que vous en aurez la volonté. Vous ne pourriez pas nous regarder si nous avions pris les armes contre le sultan, ni nous protéger; mais nous nous sommes battus contre les malfaiteurs et les voleurs, qui nous détestent parce que nous avons confiance en Dieu, dans le sultan et dans les puissances chrétiennes, qui ont des raisons suffisantes pour nous secourir.

La pétition avait été remise aux consuls des puissances étrangères.

La Porte envoya des troupes contre cette insurrection. En même temps, l'autorité locale appelait toute la population musulmane à s'armer en *bachi-bouzouks* : c'était jeter de l'huile sur le feu.

Les feuilles autrichiennes et turques accusaient le Monténégro de fomenter l'insurrection. Des partis isolés de Monténégrins se mêlaient bien de temps en temps aux insurgés; mais le prince Daniel n'intervint directement qu'après que les Turcs eussent rompu la

trêve en Albanie. Il envoya alors son beau-frère, qui
attaqua les troupes ottomanes à Zubci et les poursui-
vit vivement jusqu'à Trebigné. L'intervention était
formelle, la guerre déclarée.

Le gouvernement français, qui suivait alors, quoi
qu'on en ait dit, une très-bonne politique en Orient,
désapprouvait l'agression contre le Monténégro. Afin
d'appuyer les négociations, il envoya deux vaisseaux
de guerre à Gravosa, près Raguse. Une frégate russe
vint les y joindre. Pendant ce temps-là les Monténégrins avaient, le 13 mai 1858, culbuté complétement à
Grahovo l'armée commandée par Hussein-Pacha. Ce
fut un vrai désastre pour les Turcs.

Un chant populaire rappelle la présence des vaisseaux de guerre à Gravosa, dans une lettre du prince
de Monténégro à son frère :

Salut à toi, voïvode Mirko
Et à chaque guerrier !
Ramène l'armée, viens au Monténégro ;
Car il n'y a plus de guerre.
A nous un bon secours vient
De la Russie et de la terre française :
Ce sont justement quatre grands vaisseaux.
Chacun porte plus de cent canons ;
Sur les vaisseaux sont des guerriers forts.
De la Russie le puissant capitaine
A nom Théodore Jouschkovitch ;
Et celui de la France a nom De la Gravière.
Ils sont arrêtés sous la ville de Raguse.

Ils ne nous permettent pas de combattre davantage,
Ni de poursuivre l'armée du sultan.

Le Monténégro était dégagé, mais le mouvement en
Herzégovine continuait.

Les chrétiens avaient demandé aux consuls de
France et d'Angleterre de leur servir d'intermédiaires.
Sans cette intervention, les Herzégoviniens ne se
seraient jamais résignés à traiter avec les Turcs. Kémal-
Effendi, commissaire extraordinaire de la Porte, fut
autorisé à accepter la médiation anglo-française. Les
deux consuls, M. Hecquard et M. Churchill, eurent une
entrevue avec les délégués des insurgés dans un petit
fort qui couronne une montagne conique, d'où lui
vient son nom de Klobuk, qui veut dire un chapeau.
Les délégués firent beaucoup de difficultés, parce que
les Turcs les avaient si souvent trompés! Les chrétiens
voulaient d'ailleurs profiter de la victoire que les
Monténégrins avaient remportée à Grahovo et de la
présence des vaisseaux français et russes sur la côte
de Dalmatie. On les décida cependant à accepter une
entrevue avec le commissaire ottoman.

Le 2|14 juillet, Kémal s'était rendu, avec les deux
consuls, à l'endroit convenu, où ils se trouvèrent les
premiers. Quand on vit arriver les délégués, les consuls se portèrent à leur rencontre et les ramenèrent
au village pour les présenter à Kémal. Les délégués
déclarèrent que les chrétiens faisaient leur soumission
au sultan, et ils allèrent à Trébigné avec le commis-

saire ottoman, pour convenir des arrangements à prendre en vue de la pacification dans la Herzégovine. M. Hecquard et M. Churchill avaient montré jusqu'alors une fermeté et une prévoyance qui leur firent défaut au moment suprême. Afin de laisser aux concessions promises par la Porte les couleurs de la spontanéité, ces messieurs n'accompagnèrent pas les délégués chrétiens à Trébigné. Cette délicatesse tout à fait déplacée perdit tout. Les Turcs, livrés à eux-mêmes, ne firent aucune concession sérieuse, du moins en pratique. L'intervention de la France et de l'Angleterre avait été déjouée une première fois.

III

SUITE. — OMER-PACHA EN HERZÉGOVINE.

Non-seulement l'intervention de 1858 n'apporta aucune amélioration au sort des chrétiens, mais elle n'amena même pas la pacification du pays. Dès la fin de 1860, tout était encore en feu.

Une femme chrétienne ayant tué un chien qui cherchait à la mordre, le maître du chien assomma la femme. Une réunion eut lieu à la suite de ce fait; on s'y battit. A tout cela les Monténégrins étaient mêlés : il y eut alors des razzias et des engagements du côté de Niktchitch et de Korionitch.

En 1861, la Porte concentra de nouveau des forces

considérables pour agir contre la Herzégovine, et contre le Monténégro. Elle avait été obligée de subir le concours d'une commission européenne; mais, pour s'en tirer à bon marché, elle comptait sur la rouerie d'Omer-Pacha, qui avait déjà soumis plusieurs provinces, et notamment la Herzégovine en 1851, plutôt par la ruse que par les armes.

On commença par négocier.

Les demandes des chrétiens insurgés de la Herzégovine n'avaient rien d'excessif ; elles respectaient la souveraineté du sultan. Comme les mêmes situations se sont déjà présentées depuis et pourraient se représenter encore, je vais transcrire ici textuellement les demandes des chrétiens :

« Nous prions qu'on veuille nous donner des employés turcs bienveillants et affables, et un *hodja-bachi* (espèce de procureur) qui sauvegarderait nos intérêts auprès des autorités locales. Nous prions de même qu'on respecte notre religion chrétienne, qu'il nous soit permis de bâtir des églises avec l'autorisation de nous servir de cloches ; qu'il nous soit concédé un évêque national et l'établissement d'écoles. Nous prions que dorénavant les gendarmes turcs ne soient plus logés dans nos maisons, que nous ne soyons plus obligés de payer aux propriétaires turcs que le quart de la récolte, que ce quart ne soit plus prélevé par leurs agas ou leurs agents en personne dans les villages, mais que nous soyons autorisés à le leur remettre nous-mêmes ; que tous les impôts pour chaque maison soient arrêtés à une somme fixe ; que ces impôts soient prélevés par notre *hodja-bachi* et remis par lui à l'autorité locale; que les garde-frontières soient choisis parmi les chrétiens des villages respectifs, et que leur solde soit déduite des impôts; qu'on nous accorde la remise de l'arriéré des impôts. »

Omer-Pacha répondit par une proclamation, qui est du 1er mai 1861 :

« Je vous apporte de la part de Sa Majesté impériale le Sultan, et je proclame en son nom, un pardon plein et entier avec la remise de vos impôts arriérés. Je vous promets également : 1° de confirmer le choix que chaque village est autorisé à faire d'un ou de deux maires, suivant l'importance du village; 2° de nommer pour chaque district deux *hodja-bachis*, pris parmi les indigènes jouissant de la confiance de leurs concitoyens; 3° la liberté absolue des cultes, avec la faculté de bâtir des églises, comme tous les sujets chrétiens de Sa Majesté impériale, et de vous servir de cloches; 4° de ne plus permettre aux gendarmes de loger dans vos maisons, mais de les faire descendre dans des endroits désignés dans chaque village pour les recevoir; 5° de mettre immédiatement en vigueur les arrangements qui ont été arrêtés de concert avec la députation des propriétaires et des fermiers de Bosnie; 6° de vous permettre que la quote-part des impôts de chaque maison soit prélevée et remise à l'autorité par vos maires et hodja-bachis; 7° de recommander au patriarcat de vous envoyer désormais des évêques de votre nation et parlant votre langue; 8° de vous faciliter l'acquisition des propriétés foncières. »

Cette réponse d'Omer-Pacha avait été communiquée par la Porte aux ambassades étrangères qui y avaient donné leur assentiment; mais elle ne satisfit pas les intéressés. Ceux-ci présentèrent leurs observations aux commissaires européens en juillet 1861. 1° Ils remerciaient des autorisations qui leur était accordées pour construire des églises. 2° Ils demandaient que les Turcs fissent reconstruire à leurs frais neuf églises qu'ils avaient détruites autour de Niktchitch, ainsi que le monastère de Kossierovo, saccagé depuis l'ouverture des négociations; les Turcs avaient profané publiquement les vases sacrés et vendu les ornements ecclésiastiques dans le bazar de Trébigné. 3° Ils se refusaient à ce que les gendarmes turcs fussent autorisés à bâtir des maisons dans les villages, où leur présence amènerait nécessairement des conflits. 4° Les chrétiens déclaraient ne pouvoir accepter les arrangements proposés pour les redevances territoriales. 5° Ils acceptaient avec reconnaissance les promesses faites relativement à la perception des impôts. 6° Ils voulaient élire eux-mêmes leur métropolitain, auquel la commission européenne donnerait la confirmation.

Pour comprendre cette dernière prétention, il faut savoir que les évêques orthodoxes-grecs de la Herzégovine, comme ceux de la Bosnie et des autres provinces turques, sont nommés par le patriarche de Constantinople, qui y envoie ordinairement des Grecs ignorants de la langue serbe et soucieux avant tout de regagner ce que leur a coûté leur nomination. C'est du moins le reproche qu'on leur adresse là et ailleurs.

J'ai pourtant connu de ce côté, il y a longtemps, un vieil évêque grec qui était bien aimable et qui avait appris assez de serbe pour me faire une réponse qui est restée gravée dans ma mémoire. Encouragé par son accueil jovial, je m'étais enhardi à lui faire remarquer que j'avais rencontré dans sa maison un essaim de jeunes femmes. « Ah ! mon fils, reprit-il avec une bonhomie qui aurait banni toute mauvaise pensée, si j'en avais eu, *Potrebito zlo*. C'est le mal nécessaire. »

Les catholiques de la Herzégovine et de la Bosnie ne sont pas dans le même cas : Rome leur envoie des vicaires apostoliques franciscains et de race serbe. Il n'y en a encore eu qu'un seul qui ne fût pas originaire du pays; mais il était de même race.

Entre les prétentions des chrétiens et les arrangements agréés à Constantinople il n'y avait pas un abîme; on aurait pu arriver à une entente; mais le rusé général Omer avait manœuvré de manière à ce que les commissaires européens n'eussent pas de rapports directs et journaliers avec les indigènes. Ceux-ci ne le virent pas, ou ne le voulurent pas voir, car quelques-uns étaient mal disposés envers les chrétiens.

On obtint avec beaucoup de peine une entrevue qui eut lieu à Castelnuovo sur le territoire autrichien. Comme la confiance n'y était pas, on se livra à des récriminations. Les délégués chrétiens, qui avaient été tant de fois trompés et qui tout dernièrement encore, en 1858, n'avaient tiré aucun profit de la soumission que des consuls leur avaient arrachée après les victoires des Monténégrins, ni de la présence des vaisseaux français et russes sur la côte, ne se gênèrent pas pour manifester hautement leurs appréhensions. Les commissaires européens entraient peu dans ces considérations ; ils se piquèrent de n'être pas mieux reçus, et la conférence fut rompue sans résultat.

Le nœud de la question était au Monténégro. Les Herzégoviens attendaient le résultat de l'expédition d'Omer-Pacha, résolus à en profiter mieux qu'en 1858, si Dieu donnait une seconde fois la victoire aux Monténégrins. De ce côté, la commission échoua encore devant des questions d'amour-propre dans sa tentative de conciliation : elle fut dissoute au mois d'octobre.

Tout en pourparlant avec le prince du Monténégro, Omer-Pacha négociait secrètement avec Louka Voukalovitch, qui était le chef des insurgés. Il serait impossible de préciser ce qui a été convenu entre ces deux personnages, qui ne se sont pas rencontrés, mais on a su à quelles conditions Louka Voukalovitch offrait de se soumettre. Ces conditions sont au nombre de quatre : 1º Les districts de Trebigné, Niktchitch et Gazko, qui confinent au Monténégro, reconnaîtraient la suzeraineté du sultan et recevraient une organisation semblable à celle des Serbes ; 2º cette organisation séparée serait placée sous la garantie de l'Europe ; 3º dans ces districts, il n'y aurait plus un fonctionnaire ni un soldat turc, pas plus dans les forteresses que dans les places ouvertes; 4° Les contributions seraient perçues par les autorités indigènes, qui verseraient annuellement à la Turquie un tribut fixe. — On le voit, en comparant les demandes de 1861 à la pétition de 1858, les idées avaient marché. Il n'en pouvait être autrement après une si amère déception.

Entre temps Omer-Pacha négociait aussi avec le prince du Monténégro sans avoir davantage l'idée d'arriver à un arrangement. Son but était de le brouiller avec Louka, en leur laissant entendre que chacun des deux voulait traiter séparément en sacrifiant le voisin. Il parvint à susciter pendant quelque temps, entre ces deux personnages, une hostilité déclarée; mais M. Petkovitch, consul russe à Raguse, qui poussait assez ouvertement les chrétiens à la résistance, réussit à réconcilier les deux chefs slaves.

L'année 1862 fut fatale au Monténégro. L'armée d'Omer-Pacha réduisit le successeur de Daniel à subir des conditions très-dures, tout en conservant son indépendance.

Les insurgés chrétiens ne pouvaient espérer aucun appui après l'échec de la commission européenne et la défaite du Monténégro : ils se soumirent par l'intermédiaire d'un fonctionnaire autrichien, le préfet de Raguse.

La Porte avait échappé une seconde fois aux conséquences d'une intervention européenne en faveur des chrétiens de la Herzégovine.

CHAPITRE IV

CROATIE

I

La communication entre Trieste et Fiume, en serbe Rieka, est très-longue par mer, puisqu'il faut doubler toute la presqu'île de l'Istrie. Le chemin est beaucoup plus court par l'embranchement ferré qui, à Saint-Peter, se détache de la grande ligne allant de Trieste à Vienne.

Réclamée depuis longtemps par la Croatie et par la Hongrie, Fiume a été déclarée ville royale, c'est-à-dire relevant directement de la couronne de Saint-Étienne. L'administration est indigène avec un gouverneur madgiar, qui n'a rien à faire que bâiller du matin au soir.

Voilà un avantage qui coûte fort cher à la Hongrie. Deux chemins de fer ont été construits ; on travaille à l'agrandissement du port, tandis que bien des gens

se demandent si la place prendra jamais un essor suf-
fisant à couvrir ces énormes dépenses.

La ville a un aspect italien. A côté de quelques travaux exécutés *propter pompam et ostentationem*, les
vieux quartiers restent obstrués, tortueux et malsains.
La population, qui est croate, professe des sentiments
patriotiques, mais sans beaucoup d'activité. Quelques
Italiens déclassés exercent, à Fiume comme à Trieste,
la plus audacieuse propagande, dont l'Église catholique et la France sont les plastrons.

Un chemin de fer de construction récente conduit
de Fiume à Zagreb, ou Agram, par Karlovatz, *alias*
Karlstadt, à travers le pays des anciens confins militaires de l'Autriche.

Les habitants ne parlent que le serbo-croate, avec
un peu d'allemand ou d'italien. On se demande pourquoi tous les avis sur la voie sont écrits en langue
hongroise, dont pas un ne comprend un traître mot.
Les Vénitiens ne l'auraient pas fait ; aussi, comme ils
laissaient à chacun son idiome particulier, tous les
Slaves et les Grecs de l'Adriatique se faisaient un
honneur de l'italien ; ils le parlent encore après quatre-
vingts ans, et dans le dialecte vénitien, s'il vous plaît.
Mais en Autriche, depuis 1867, il a été décidé qu'il
n'y aura plus que des Allemands ou des Hongrois.

Le pays entre Rieka et Karlovatz ne ressemble à
rien de ce qu'on voit ailleurs. C'est un amas de grosses
pierres blanches, au milieu desquelles poussent quelques arbres. Ce serait désolant sans l'aspect éblouis-

sant de la mer Adriatique, qu'on aperçoit longtemps des hauteurs, avec sa côte accidentée et l'île pittoresque de Veglia. Parcourant cette route au mois d'octobre, j'y fus témoin d'un phénomène que je n'avais jamais observé ailleurs. Un brouillard très-épais et tout à fait opaque remplissait le fond de quelques vallées et couvrait toute la mer : il s'arrêtait brusquement sur une ligne ondulée et prenait à s'y méprendre l'aspect d'un glacier couvert de neige.

En avançant vers Karlovatz, le paysage devient plus vert, les hauteurs s'abaissent, et c'est après avoir parcouru un vaste plateau que le chemin de fer entre dans la vallée de la Save. Ce plateau sépare le bassin de l'Adriatique de celui du Danube, et par conséquent de la mer Noire, qui vient chercher les dernières ramifications de ses affluents presque en vue de l'autre mer.

Le territoire des frontières vient d'être donné à la vie civile; je ne sais pas si l'on peut dire *civilisée*. La partie qui avoisine la Croatie a été réunie au royaume de Crotie-Esclavonie, qui y a gagné une extension de territoire, mais qui y perd une armée tout organisée et dévouée aux intérêts serbo-croates. C'est ce qu'on a voulu à Pesth. J'entends autour de moi qu'on se plaint beaucoup d'une dilapidation du domaine public des confins, surtout des forêts.

II

A ZAGREB.

La ville de Zagreb (Agram) est adossée aux montagnes qui délimitent la grande vallée de la Save au nord. Une promenade, qui en fait le tour de ce côté, présente un beau panorama sur tout le sud de la Croatie ; à l'ouest des montagnes très-éloignées, dominées par un pic qui se trouve aux environs de Fiume; à l'est, le district de Turopolie, qui a joué un rôle dans l'histoire du pays et dont les habitants, qui jouissent d'une certaine autonomie administrative, se croient d'origine hongroise. L'œil découvre au loin les hauteurs qui ferment le bassin au sud ; ces montagnes sont en Bosnie.

La ville basse paraît relativement moderne. Le mamelon le plus élevé comprend le palais du Ban, les administrations, l'Université et beaucoup d'habitations qui produisent un effet assez pittoresque au-dessus des anciens remparts. Un autre mamelon, moins élevé, est couronné par la cathédrale et le palais de l'archevêque. C'était un dimanche : je suis allé à la grand'messe dans l'église Sainte-Marie, dont la décoration intérieure est un chef-d'œuvre de mauvais goût. Le chant... je n'en parlerais pas si je n'étais encore abasourdi par les éclats d'un *Credo* qui aurait

été une bonne fanfare à faire marcher les Croates
contre les Turcs..., au temps où l'on marchait encore
contre les Turcs. Du reste, la population de toute
classe était très-recueillie, malgré la vilaine décoration et la mauvaise musique.

A la sortie de l'office, j'observe les gens de la campagne en costume national de fête. C'est très-joli et
très-original. Les hommes ont tous des pantalons de
toile, la chemise par-dessus, une large veste blanche
ou brune, ou formée de morceaux cousus les uns aux
autres. Inutile d'ajouter que tous, sans exception, ont
une *cravate*, puisque cet ornement nous vient des régi-
ments *crovates*, qui servaient en France sous Louis XIV.
Le chapeau est rond et à bords retroussés.

Les femmes portent la chemise longue, un tablier
de laine par devant et une casaque de drap blanc.
Sur la tête est un mouchoir assez épais, presque une
serviette, disposé en plate-forme et qui ressemblerait
à une coiffure égyptienne, si les pendants retombaient
en avant au lieu de couvrir la nuque. Tout le costume est blanc et d'une propreté irréprochable; les
ornements sont presque uniformément rouges. Les
jeunes filles, jusqu'au mariage, ont la tête nue, et
leurs cheveux, ordinairement blonds, sont tressés en
deux nattes qui pendent sur le dos. Toutes les femmes
ont des bas très-blancs et elles sont chaussées d'*o-
pintches*, formées d'une semelle de cuir rattachée au
bas de la jambe par de petites lanières. Beaucoup de
ces femmes sont littéralement ferrées à l'instar des

chevaux. Je n'avais jamais rien vu de semblable : c'est une espèce de fer à cheval qui tient à l'opintche, je ne sais pas pourquoi, ni comment.

Je rencontre peu de ces femmes croates qui soient réellement attrayantes. (Est-ce une manière polie de faire comprendre qu'elles sont généralement laides?) Il y a des exceptions, surtout dans la première jeunesse; quel est le pays où quelque femme n'ait pas reçu le don de la grâce innée? Je suppose, et l'histoire le fait trop pressentir, qu'il y a eu beaucoup de mélanges avec les Avares, lesquels devaient être aussi horribles au physique qu'au moral.

Il est fâcheux que la nature ait été si parcimonieuse de ses faveurs dans cette contrée : le costume croate, si élégant, si digne, si naturel, si je puis m'exprimer ainsi, ferait admirablement ressortir la beauté des femmes, s'il en avait plus souvent l'occasion.

Le monde élégant est là, comme partout ailleurs, avec un bon nombre de caricatures. Je remarque surtout le développement de quelques chignons et de quelques ébouriffements qui me rappellent les coiffures que je rencontrais dans les rues de Pesth. Ce sont de véritables mais d'affreux monuments. Je dois néanmoins constater qu'il y a dans cette classe beaucoup de figures qui paraissent réellement jolies, lorsque, par la pensée, l'artiste a pu les abstraire de l'échafaudage insensé qui les surmonte.

A Zagreb, excepté pour quelques enseignes en allemand, la langue serbo-croate est employée pour toutes les indications adressées au public. Zagreb a cependant l'aspect général d'une petite ville allemande. Je ne saisis rien dans les constructions qui présente un caractère particulier au pays, si tant est qu'il y ait quelque part un art réellement slave, ce que je n'ai pas encore découvert; mais nous ne sommes pas au bout de nos courses dans ce monde si nouveau pour nous, et qui cependant atteint et pénètre l'âme française par tant de côtés.

A d'autres le soin de rechercher, dans les arcanes les plus profonds de l'âme, chez les hommes et chez les nations, le secret de ces affinités.

Un chanoine a la bonté de me guider lui-même au musée national. Ses manières aisées et courtoises révèlent une bonne éducation et l'habitude du monde. Il parle couramment l'italien et l'allemand, comme beaucoup de Croates, et il connaît bien la langue française. Quant au magyar, il veut l'ignorer.

— Le musée national, me dit-il, est *en formation.*

— Tant mieux, répliquai-je : préféreriez-vous qu'il fût en *décadence?* Il vaut mieux être trop jeune que trop vieux.

Tout y est propre et soigné ; c'est fait avec amour, comme il arrive souvent chez les peuples peu nombreux. La collection d'histoire naturelle est spéciale au pays, c'est-à-dire à la Croatie avec les Confins militaires, à l'Esclavonie et à la Dalmatie, bien que cette dernière contrée ne fasse pas partie aujourd'hui du royaume *triple et un*.

Le choix des médailles me paraît particulièrement intéressant : on y trouve les monnaies des princes et celles des villes. Par exemple, dans la série se rapportant à Cattaro, voici deux de ces pièces qu'une ville assiégée fait frapper, pour les échanges, avec un coin grossier sur un métal quelconque ; ces obsidionales datent du moment où les Français étaient assiégés par la flotte russe et l'armée monténégrine. Voici encore une monnaie de billon à l'N couronné, avec l'exergue : Dieu protége la France.

— Des jeunes gens qui travaillent au musée portent l'uniforme militaire. En s'engageant avant leur vingtième année, ils restent seulement douze mois sous les drapaux *obligatoires*, et s'ils réussissent à passer l'examen technique, ils seront officiers dans la réserve. C'est absolument comme chez nous !

Les archéologues du XIXe siècle étudient l'âge des cavernes ; nos arrière-petits-enfants découvriront l'*âge des casernes*, si nous ne sommes pas tous massacrés à la première rencontre, pour la plus grande gloire des caporaux, qui seront massacrés aussi.

Sur la plus vaste place de Zagreb s'élève la statue du ban Jelatchitch, qui a joué un si grand rôle en 1848 et en 1849 : il a sauvé la monarchie des Haps-bourg ; il l'a soustraite alors aux étreintes des prétendus libéraux de Vienne, conjurés avec les Hongrois. Cette alliance, vaincue en 1849, avec le concours des Croates, refleurit aujourd'hui dans le *dualisme* ; il doit y avoir une différence, puisque le nom a été changé.

Rien, dans la statue du célèbre ban, ne rend l'idée un peu rude qu'on se fait généralement de la nature croate. Jelatchitch montre le chemin de Vienne en étendant horizontalement le bras armé d'un sabre turc, dans la position de *parer tierce* ; la parade est même trop accentuée pour l'effet esthétique. Ce cavalier n'est pas, comme on le pourrait croire, le type idéal de l'homme de guerre, ce type que réalise si bien la statue de Bartolomeo Coleone à Venise, le chef-d'œuvre des chefs-d'œuvre. Non, le Jelatchitch de Zagreb a l'air bonhomme : il représente assez bien sa nation, qui est peu cultivée, il est vrai, mais pas le moins du monde impétueuse ni primesautière. La politique croate n'est pas du tout *pandoure* ; elle avance au petit trot, comme la statue équestre d'Iclatchitch, en montrant le but et en *parant tierce*. Si j'entendais quelque chose à la haute politique, je vous dirais quelle est la botte qu'il faut ainsi parer *en tierce* ; je le comprends bien, mais je ne saurais pas l'expliquer. Ce que je constate chez les Croates, c'est une allure plutôt bourgeoise que militaire, avec un sens net de la situation, des idées fixes et bien déterminées, mais du calme et de la modération.

Zagreb est, depuis une trentaine d'années, le centre intellectuel des Slaves du Sud, ou, comme on dit ici, de la Jougo-Slavie. L'Académie édite une revue littéraire remplie de travaux qui doivent être sérieux, autant qu'il m'est possible d'en juger par les titres des articles hérissés de citations dans toutes les langues, et de *fac-simile*, dans des alphabets dont les savants ont seuls entendu parler. Une Société historique publie ses archives. Le millénaire récent de saint Cyrille et de saint Méthode, apôtres des Slaves, a inspiré toute une série d'œuvres archéologiques et poétiques. Je trouve aussi les documents relatifs à un soulèvement de la Jougo-Slavie pendant le moyen âge. L'Académie va éditer une bibliographie du droit, qui servira de base à la compilation d'un *Corpus juris* pour tous les Slaves du Sud.

L'aspect général des rues est assez varié. Voici des Monténégrins; ils sont peut-être quarante; mais comme ils ne font rien que s'asseoir aux cafés le plus en vue et se promener du matin au soir, vous croiriez qu'il y en a quatre cents. Je croise, à la promenade, un vieillard que deux autres personnages escortent avec respect : c'est un évêque. A sa longue barbe on reconnaît qu'il est d'un rit oriental; Mgr Smiklas a sa résidence à Krigévatz (Kreutz); il est l'évêque des Serbes-Unis établis en Croatie. Son séminaire est à Zagreb. C'est là qu'ont été élevés, selon leur rit, quelques jeunes clercs bulgares, aux frais de Mgr Strossmayer, évêque de Diakovo, en Esclavonie.

Vous le voyez, ce prélat magnifique ne se borne pas, comme les Hongrois l'en accusent, à subven-

tionner le théâtre croate, et la chorégraphie nationale :
sur les revenus de son diocèse il a dépensé plus d'un
million de florins pour l'Eglise catholique et pour la
nation croate. Comme disait le Fra Angelo à Trieste :
« Strossmayer a un nom allemand, mais un cœur
slave. » C'est lui qui a donné l'impulsion pour fonder
une université croate destinée à réagir contre la *Cultur*
allemande.

III

COMMENT ON FONDE UNE UNIVERSITÉ.

Les Croates n'avaient pas beaucoup fait parler d'eux
depuis 1848. A cette époque, sous leur ban Jelatchitch,
ils prirent les armes pour combattre la coalition des
révolutionnaires de Vienne avec les Hongrois, laquelle
opprimait la dynastie autrichienne. Ils furent alors,
avec leurs alliés serbes et avec les Roumains de la
Transylvanie, le principal élément de la résistance
usqu'au moment où la Russie vint donner le coup
de grâce à l'insurrection. Le système qui fut inauguré à la suite de la pacification ne répondit pas aux
espérances que les Croates avaient dû concevoir ni aux
promesses qui leur avaient été faites. Ce fut un retour
aux malencontreuses tentatives de germanisation qui
avaient si justement et si misérablement échoué à
la fin du dernier siècle, sous le règne de Joseph II.

Le dévouement des Croates à la dynastie avait été mal récompensé. Cette période, qui dura jusqu'après la guerre de 1859, fut pour toutes les populations de l'empire, sans en excepter les Hongrois, la plus triste de l'histoire contemporaine. Enfin, après de longs tiraillements dans tous les sens, qui durèrent jusqu'en 1867, un nouveau système, le dualisme actuel, fut inauguré.

Les Hongrois, qui en 1848 s'étaient révoltés, obtenaient la plénitude de leurs droits historiques ; mais qu'arriva-t-il des populations qui avaient, au contraire, combattu pour l'Empereur-Roi à la même époque? La Grande Principauté de Transylvanie et la Voïvodie serbe furent purement et simplement supprimées ; mais il fallut compter avec les Croates, qui sont plus homogènes et plus résolus : on ne les effaça pas de la liste des nations ; une certaine autonomie intérieure leur fut concédée dans le sein du royaume de Saint-Étienne.

Depuis cette époque ils luttèrent, sur le terrain constitutionnel, pour améliorer une situation qui ne répond pas à leurs vœux et à leurs droits historiques. Ils ont obtenu en 1874 quelques concessions.

Mais les Croates avaient compris que c'est à l'école, comme dans l'église, qu'il faut défendre sa liberté et son individualité nationale. De là l'idée de fonder une université pour ces Slaves du Sud, aujourd'hui si avides d'instruction, mais qui ne vont pas toujours la puiser aux sources les plus pures.

Lorsque nous travaillons en France à fonder des universités catholiques, c'est pour lutter contre l'enseignement donné par les libres-penseurs, les panthéistes et les révolutionnaires. La cause que nous défendons est un intérêt religieux et social.

Ce n'est pas directement contre des doctrines, c'est contre l'hégémonie intellectuelle de l'Allemagne et contre la pression de la Hongrie que les Croates ont voulu dresser le rempart d'une université croate.

Sous des apparences et avec des mobiles différents, la cause de ces Slaves du Sud est au fond la même que la nôtre. En effet, si l'influence magiare ne représente rien par elle-même sur le terrain intellectuel, la culture allemande, quand elle est transportée sur une terre étrangère, c'est le renversement des traditions nationales, c'est la négation des droits historiques et la promiscuité de l'esprit ; c'est la philosophie de Hégel avec toutes ses conséquences religieuses, politiques et sociales.

L'idée de la fondation d'une Université fut émise à la Diète de 1861, et chaleureusement appuyée par Mgr Strossmayer, évêque de Diakovo. En 1866, pendant que la Croatie célébrait le trois-centième anniversaire de son héros, Nicolas Zriny, mort glorieusement devant Sigeth, en combattant contre les Turcs, Mgr Strossmayer posa en quelque sorte les premières pierres de l'Université par une souscription de 50,000 florins (le florin vaut 2 fr. 25). Ce généreux exemple fut suivi avec entraînement. L'archevêque de Zagreb donna

30,000 florins, Mathias Debeljak 11,000, la ville de Varasdin 5,000, celle de Karlovatz 2,000, celle d'Agram 50,000, etc., etc. Emeric Kukovitch légua 120,000 francs pour le même objet, etc., etc. Toutes les bourses furent ouvertes; tous les concours acquis. Enfin, en 1869, l'Empereur visita Zagreb et consentit à donner son nom à la future Université. La situation politique retarda encore la réalisation jusqu'en 1873, où l'affaire fut reportée devant la Diète par le chanoine Racki, et finit par réussir avec le concours du nouveau ban Mazuranitch.

L'inauguration a eu lieu avec beaucoup de pompe le 19 octobre 1874. De toute la Croatie, de l'Esclavonie et des contrées slaves voisines, tout ce qui avait pu se déplacer, hommes et femmes, était accouru à Zagreb. Les prêtres y étaient surtout en grand nombre. D'ailleurs, la fête était célébrée en même temps dans les bourgs et villages croates par des illuminations. Un accueil particulier et bien mérité était réservé à Mgr Strossmayer, qui fut reçu à la gare par le ban, le clergé, le conseil municipal, les professeurs de l'Université et le *Rector Magnificus*, M. Mositch en tête, enfin par une foule immense qui le fêta avec enthousiasme. Les corps savants de l'Europe avaient été invités à la fête, et beaucoup s'y sont fait représenter. L'académie de Berlin avait envoyé le docteur Gneist. Les Hongrois se sont prêtés de bonne grâce à la circonstance : outre quelques progresseurs et étudiants de Pesth, le ministre des travaux publics y était venu.

La fête du 19 octobre commença par une messe en musique à la cathédrale. Il y eut ensuite une séance publique où des discours furent prononcés à peu près dans toutes les langues par les délégués étrangers. Tous ces discours exprimaient des félicitations et des vœux pour la nouvelle fondation, dans des termes toujours convenables et quelquefois chaleureux. On a seulement remarqué la maladresse d'un professeur allemand, lequel a jugé à propos d'affirmer que l'Internationale noire abrutira l'humanité aussi vite et aussi bien que la rouge, et de célébrer avec exaltation la gloire de Darwin. C'était d'un goût plus que risqué, au milieu de ce peuple catholique, qui a encore assez de jugement pour écouter plutôt ses évêques croates que les philosopheurs allemands et anglais.

Un grand nombre de pièces de poésie ont été composées à cette occasion en croate et en latin, car la Croatie est peut-être le pays où la langue latine est encore le plus répandue.

Voici, comme échantillon, deux strophes d'une cantate publiée par le *Journal d'Agram*. C'est un salut aux Muses :

Salvete Divæ! Jam nimium diu
Vos expetebat terra Croatidum :
Altoque cum plausu Quiritum
Mons hodie indigebat Grecensis (Zagreb ou Agram).

Perampla non hic — qualia scilicet
Tamesus, Ister, Sequana vel Neva,

Padusve monstrant — : tecta vobis :
Ast patria pietate aperta

Lætus salutat Palladius chorus.
Grates perennes civibus accinent
Seri nepotes, qui hisce sacris
Liminibus posuere prima et

Auxere saxa, etc., etc.

Tout ce beau mouvement procède du haut clergé, dont la générosité est traditionnelle. Le cardinal Haulik, mort archevêque de Zagreb le 11 mai 1869, à l'âge de quatre-vingt-un ans, a fondé un établissement de Sœurs de charité avec orphelinat, auquel il consacra 150,000 florins et un autre pour les veuves qui lui en coûta 50,000. A l'occasion de ses noces d'or, il donna 80,000 florins aux paroisses, pour être distribués aux pauvres de tous les cultes. Il contribua pour 30,000 florins à la fondation de l'Académie et dota la ville de Zagreb d'un magnifique parc. Les prélats croates, direz-vous, ont d'immenses revenus. C'est vrai, mais ils pourraient les dépenser à vivre dans le luxe ou à enrichir leurs cousins.

Le convoi qui m'emporta de Zagreb était rempli de prêtres qui avaient assisté à l'inauguration de leur université. C'étaient des gens aimables et très-causeurs. Leur accoutrement extérieur contraste avec la régularité un peu militaire de la tenue des prêtres français. Les coiffures étaient particulièrement variées : les uns portaient notre chapeau élevé, qu'on appelle là *cylindre;* les autres un chapeau de brigand calabrais, ou un *ligueur*, ou un melon retroussé comme le mien, mais faisant encore plus crânement le bateau. L'un est coiffé en matelot sur le derrière de la tête, celui-ci sur le nez, cet autre sur l'oreille. Par dessus la soutane ils ont mis, qui une vareuse longue, qui un crispin, qui un carrick, qui un saute-en-barque, etc., etc. A la station, ils vident cordialement avec moi un verre de *slivòvitza* (1) à la santé de l'Université d'Agram et de Mgr de Diakovo. Jivi! jivi! Nos voisines n'y comprennent rien : ce sont deux jeunes filles allemandes, très-correctes et assez jolies, qui mangent délicatement un petit *schnitzel* (2) en portant le couteau à la bouche. Elles se rendent en Roumanie, pour tenir un magasin de *Delicatessen,* en compagnie d'une mère très-respectable qui a l'air de tout ce qu'on veut.

(1) Eau-de-vie de prunes.
(2) Morceau de veau saupoudré de mie de pain.

CHAPITRE V

LA SAVE

Pour descendre la Save, le voyageur s'embarque à Sissek, réunie avec Zagreb par un chemin de fer. Le bateau à vapeur chauffe.

Nous partons : à gauche apparaît la petite chaîne de montagnes à laquelle Zagreb est adossée et qui sépare la vallée de la Drave de celle de la Save. Le bateau va jusqu'à Semlin, qui est vis-à-vis Belgrade, au confluent de la Save et du Danube.

Le bois, dont l'Esclavonie exporte une grande quantité, descend sur des radeaux ; mais d'autres produits remontent pour atteindre Karlovatz et Fiume. Les bateaux employés à cette navigation sont un peu relevés à l'avant avec une chambre éclairée par des fenêtres ; ils sont guidés par une grande godille à l'avant, et deux à l'arrière. Ils naviguent sous pavillon autrichien, croate ou turc. Une partie des blés du Banat prend cette voie. Le Banat est un champ d'exportation que se disputent la mer Noire et la mer Adriatique, Braïla et Fiume. Si les Portes de fer nuisent à la descente, le transport à la remonte doit être fort dispendieux. Voyez un de ces bateaux hâlé par vingt-neuf chevaux que conduisent quatre hommes, dont le premier est à cheval. Le chemin devient impraticable pendant la mauvaise saison, outre que les courbes offrent toujours au halage de grandes difficultés. Quelques bateaux plus petits sont traînés par des hommes ou conduits à la rame.

En général, l'aspect de la Save est animé et vivant. Beaucoup de moulins sont établis à flot.

Sur les rives autrichiennes, les villages appartiennent aux colonies militaires, dont les maisons ont un étage et un grenier au dessus, d'après un modèle uniforme. Les enfants et les femmes grouillent partout, bien campés sur les hanches et vêtus de blanc. Des hommes et des femmes travaillent la terre.

A partir de Iachénovatz, la rive droite est bosniaque, c'est-à-dire turque pour la domination, mais toujours serbe de race.

La Bosnie est composée d'une série de vallées débouchant perpendiculairement dans la Save, dont les tributaires bosniaques sont, en commençant à l'occident, l'Unna, le Varbas, la Bosna et la Drina. Sous Napoléon Ier, comme sous Charlemagne, l'empire français arrivait jusqu'à la Save. Alors, me disait un voyageur, un coq chantant à Iachénovatz était entendu

dans trois empires, le français, l'autrichien et le turc.
C'est une sorte de proverbe.

La Bosnie est bornée au nord par la Save, qui la
sépare de l'Esclavonie, province de l'Autriche-Hongrie ;
à l'est, par la Drina, affluent de la Save, qui la sépare
de la Serbie, principauté semi-indépendante ; au nord-
ouest, elle est limitrophe du Confin militaire croate de
l'Autriche. Cette partie de la Bosnie s'appelle la Croatie turque. Par la Herzégovine, qui en est une annexe
au point de vue administratif, la Bosnie, au sud-ouest
et au sud, touche d'abord à la province autrichienne
de Dalmatie, puis au Monténégro, État indépendant.
Deux langues de terre de la Herzégovine, Klek et Sou-
torina, vont jusqu'à la mer Adriatique.

La Bosnie pousse au sud-est, entre le Monténégro
et la Serbie, la pointe étroite de Novi-Bazar (en turc.
Ieni-Pazar), par laquelle elle communique directement
avec les provinces soumises à l'administration immé-
diate du Sultan. Cette langue de terre avait été
choisie par la Porte pour le passage du chemin de fer
venant de Constantinople : de Novi-Bazar, on rejoi-
gnait l'un des affluents de la Save, et, de cette manière, la capitale ottomane était jointe à l'Europe par
une voie ferrée, sans emprunter le territoire semi-
indépendant de la Serbie.

Avec ses annexes, Herzégovine et Croatie turque, la
Bosnie forme donc un vaste triangle qui est borné
de deux côtés par des possessions autrichiennes. Si
l'on tirait une ligne droite de Semlin à Raguse, l'es-

pèce de promontoire turc que forme la Bosnie entre-
rait dans le système austro-hongrois, auquel la con-
figuration du sol semble le rattacher. En effet, les
eaux de la Bosnie vont dans la Save, qui borde l'Esclavonie autrichienne, tandis que les eaux de la Herzégovine traversent aussi la Dalmatie autrichienne
par la trouée du fleuve Narenta.

La navigation a sur les chemins de fer l'avantage
de permettre aux voyageurs de se mêler. En descendant la Save, j'étudiais les types de la population : le
pont est rempli de paysans : la plupart portent des
scies à deux mains et des haches; ils vont travailler
dans les immenses forêts de l'Esclavonie; beaucoup
sont pris de vin. Aux places plus chères sont installés
des marchands serbes, dont plusieurs ont le costume
national; ils paraissent aisés et intelligents; ils cau-
sent volontiers. Quelques négociants italiens ou juifs
de Trieste ont pris aussi cette voie, qui est la plus
économique pour gagner Odessa ou Constantinople,
en faisant ses petites affaires en route. A Brod, ville
d'Esclavonie, située vis-à-vis l'embouchure de la
Bosna, commence l'invasion du monde musalman.
Voici d'abord un éfendi, en costume de la réforme; il
est étriqué et boit du vin.

Parlez-moi de ces vrais Bosniaques de la vieille
roche, qui s'accroupissent gravement sur les talons à
côté d'une cruche d'eau! Jeunes et vieux portent
d'énormes turbans; la poitrine découverte a été bru-
nie par le soleil et par la pluie. Une large ceinture de

cachemire leur couvre la moitié du corps. Rien de pittoresque comme le débraillé de leur costume, qui s'allie à une remarquable assurance et à une physionomie à la fois fière et rusée. Voici un jeune homme presque déguenillé; mais il est aussi à son aise que s'il était vêtu comme le calife de Bagdad : il appartient à l'une des plus anciennes familles de la Bosnie, et jamais il ne regardera comme son égal le petit éfend[1] bien peigné, bien brossé, bien ciré et bien ganté : il a peut-être raison.

Les deux rives sont gardées par des soldats stationnés dans de petits bâtiments isolés. A l'endroit où la Drina se jette dans la Save, la rive droite devient serbe : la Save va couler entre l'Autriche et la Serbie, jusqu'à l'endroit où elle se perd dans le Danube.

La conversation sur le bateau devient plus animée : on parle de la Serbie et des Serbes, et quelques voyageurs les traitent fort mal, parce que, paraît-il, ces *barbares* refusaient alors de contracter je ne sais quel emprunt destiné à les enrichir à la manière saint-simonienne. Il y avait là un petit banquier du cinquième ordre à Trieste, qui n'en revenait pas. « Voyez, disait-il, ces marchands de porcs, qui en veulent remontrer aux maîtres de la science! Combien je leur préfère les Turcs! Voilà des gens qui se sont lancés, sans tant réfléchir, dans les hautes combinaisons financières qui honorent notre époque! » Il parlait du xixᵉ siècle, du progrès de l'humanité et de la solidarité; il en disait, il en disait... Pendant ce temps, le bateau approchait du confluent. La rive gauche est tout à fait plate, tandis que la droite est relevée.

Enfin nous commençons à apercevoir la « Ville-Blanche ». C'est la traduction du mot *Belgrad*. Voici d'abord l'église cathédrale, puis quelques minarets qui sont demeurés debout dans la forteresse. La ville de Semlin, à gauche, reste dans le bas, en essayant de grimper sur la petite falaise à laquelle elle est adossée. Le confluent de la Save avec le Danube forme comme un grand lac que domine la forteresse de Belgrade, assise sur les deux cours d'eau. Le bateau à vapeur rase le quai de la capitale serbe sans s'y arrêter ; il va droit à Semlin, d'où il faut regagner Belgrade en barque ou sur un bateau à vapeur spécial.

Un peu au-dessus du confluent de la Save est le confluent de la Drave, qui prend sa source dans le Tyrol. Ces deux vallées parallèles sont la plus courte voie pour aller d'Occident en Orient. Le lieu de leur jonction avec le Danube a joué un grand rôle dans l'histoire. Les Avares avaient établi l'un de leurs principaux établissements, appelés *Rings* ou *Cercles*, sur l'emplacement de l'antique Sirmium, non loin du confluent du Danube et de la Save. Charlemagne résolut de détruire l'empire des Avares. Après avoir longuement médité son plan de campagne, il prit deux bases d'opération, l'une en Bavière, vers le haut Danube, l'autre sur la côte septentrionale de la mer Adriatique. L'armée du haut-Danube fut divisée en deux corps, dont l'un opéra sur la rive droite et l'autre sur la rive gauche ; les communications et les approvisionnements étaient assurés par le convoyage d'une flottille de bateaux armés.

Pépin, roi d'Italie, fils de Charlemagne, devait agir de concert, en passant du bassin de la mer Adriatique dans celui de la mer Noire. Descendant les vallées de la Drave et de la Save, il tomba à l'improviste sur le *Ring* sirmien, dont il s'empara et qu'il fit raser. L'empire avare était détruit, et l'Illyrie, passait sous le sceptre du glorieux conquérant qui allait devenir empereur à Rome.

Pendant la campagne de 1809, le prince Eugène, poussant devant lui les archiducs, coupa perpendiculairement les vallées supérieures de la Save et de la Drave, et termina sa campagne, à Raab, par un coup d'éclat. Pendant ce temps, les forces françaises de la Dalmatie et de l'Illyrie, amenées par Marmont, venaient opérer leur jonction avec l'armée du vice-roi d'Italie. Ces manœuvres rendirent décisive, pour l'issue de la guerre, la victoire remportée à Wagram sur la rive gauche du Danube.

Trois années plus tard, on préparait pour l'armée russe un plan de campagne qui était précisément la contre-partie des mouvements français de 1809. La masse principale des Russes devait se rallier sur le Dniester, traverser les plaines de la Galicie orientale et descendre dans la Hongrie, en suivant la Theiss. A la hauteur de Bude-Pesth, l'armée allait avancer en deux colonnes : l'une devait entrer en Styrie par la

vallée de la Raab ou celle de la Mur, l'autre descendre
la Theiss ou le Danube pour arriver aux frontières militaires de l'Autriche et à celles de la Serbie. Ren-
forcé des contingents fournis par ces peuplades
aguerries, ce corps devait déboucher par la vallée de
la Save dans les provinces illyriennes et se réunir auprès de Laybach à l'autre armée, qui serait entrée par
la Styrie et qui aurait été renforcée par les Hongrois.
Tous les corps français qui se trouvaient en Croatie
ou en Dalmatie étaient coupés. On devait fondre avec
impétuosité sur l'Italie, etc.

Tels étaient les souvenirs historiques qui venaient
à la pensée du voyageur français en regardant les
eaux de la joyeuse Save se mêler aux eaux du Danube,
entre Belgrade et Semlin.

CHAPITRE VI

SERBIE

I

LA GUERRE DE KOSSOVO.

Si l'on veut bien comprendre un peuple, ce n'est
pas par les détails de la vie commune qu'on y arri-
vera : il faut chercher à saisir quelque part son âme ;
il faut découvrir son idéal. — Dis-moi quel est ton
idéal, et je te dirai qui tu es. — Si je ne me laisse pas
aveugler par une prédilection personnelle, c'est dans
l'art que l'âme d'un peuple se cristallise, pour ainsi
dire, avec le plus d'éclat et sous la forme la plus ac-
cessible. Je prends ici, bien entendu, le mot *art* dans
son acception la plus étendue, celle qui comprend
aussi bien la poésie et la musique que les productions plastiques ; mais il y a ici une distinction à
établir entre les différents arts : l'architecture, par
exemple, a revêtu le plus souvent un caractère de
généralité qui sert à caractériser plutôt toute une

partie de l'Europe ou du monde que tel peuple en particulier.

Dans l'orient de l'Europe, c'est le style byzantin (dont je ne veux pas dire de mal) qui a envahi toutes les populations grecques, valaques et slaves orientales, sans que leurs architectures se différencient autrement que par le plus ou moins d'habileté dans l'application d'un système uniforme. De même l'art de bâtir, perfectionné, sinon inventé par les Arabes, a étendu sa domination sur l'Asie-Mineure, la Turquie, la Perse, le Turkestan et jusque dans l'Inde, depuis la conquête de Baber.

La peinture et la musique présentent depuis la Renaissance plus de *particularisme;* mais c'est surtout la poésie qui, en remontant jusqu'au moyen age, offre les caractères les plus propres à chaque population. Le *Schanameh* est iranien, comme le *Ramayana* indien. Le cycle des *Niebelungen* n'aurait pas pu se développer en France de la manière qu'il l'a fait en Allemagne. La *Chanson de Roncevaux* est une épopée française. Vous trouverez toute l'Espagne (et rien que l'Espagne) dans les *romances du Cid,* dans *don Quijote* et dans les drames de Caldéron.

C'est surtout parmi les populations de l'Europe orientale, où il n'y a pas, grâce à Dieu, de grandes améliorations (la Russie actuelle exceptée), que la poésie est bien sortie de l'âme de telle nation, non de telle autre, et servira à caractériser, par exemple, chacun des groupes slaves d'une manière saisissante.

Le *jugement de Louboucha*, c'est la Bohême en lutte contre l'esprit allemand : il n'y a jamais eu rien de pareil en Bulgarie. Le *chant d'Igor*, c'est la Russie varègue, comme la *Comédie infernale* a pu naître seulement en Pologne.

Lorsque Charlemagne eut délivré les Slaves de la domination avare, les Serbes, unis à quelques autres populations, devinrent assez puissants pour inquiéter jusque dans Constantinople les successeurs de cet empereur Héraclius qui les avait établis dans la Mœsie supérieure deux cents ans auparavant. Les Turcs survinrent. Les Serbes n'étaient pas de force à les arrêter; ils éprouvèrent à Kossovo, le 15 juin 1389, une défaite décisive, dont ils ne se relevèrent plus jusqu'aux premières années du xix⁰ siècle. Le prince Lazare, qu'on appelle aussi empereur des Serbes, et le sultan Mourad, périrent tous les deux dans la bataille.

Le désastre de 1389 devint un thème favori de la poésie populaire chez les Serbes, sous la forme de petites cantilènes qui sont jusqu'aujourd'hui chantées par des rhapsodes aveugles dans les campagnes et dans les cabarets. Il y a là les éléments d'une épopée religieuse et nationale qui n'a pas encore été coordonnée et refondue par un Homère. Une seule et même aventure ressort, du reste, de ces chants détachés, c'est l'antagonisme des deux gendres de Lazare, la trahison de l'un, le dévouement héroïque de l'autre. Nous retrouvons là une figure que nous ayons déjà rencontrée à Cattaro, l'homme à la massue.

Il est très-intéressant, au point de vue de l'art, de saisir sur le fait la genèse d'une épopée. Voici, placés, autant que possible dans l'ordre chronologique, quelques-uns des chants relatifs à la bataille de Kossovo. Remarquez dès le but le caractère hautement religieux de la légende. Aussi le prince ou empereur Lazare est-il considéré comme un martyr. Les Serbes honorent sa mémoire au jour anniversaire de Kossovo, à la fête de saint Vite ou *Vidovdan* :

I. — Lazare préfère le ciel à la terre.

Un oiseau gris, un faucon a volé ;
Il a volé depuis Jérusalem.
Le faucon gris tenait une hirondelle.
Ce n'était pas un faucon, l'oiseau gris ;
Mais il était le saint prophète Élie.
Ce qu'il tenait n'est pas une hirondelle,
Mais une lettre de la mère de Dieu.
A Krouchévatz il la porte à Lazare ;
Sur ses genoux il la laisse tomber.

A l'empereur cette lettre disait :
« Prince Lazare, prince d'illustre race,
« Lequel royaume est-ce que tu préfères ?
« Préfères-tu le royaume du ciel ?
« Préfères-tu le royaume terrestre ?
« Si tu préfères le royaume terrestre,
« Braves guerriers, allez ceindre vos sabres,

« Sellez chevaux en serrant bien les sangles,
« Et sur les Turcs chargez à fond de train :

« Toute l'armée des Turcs y périra.
« Si tu préfères le royaume du ciel,
« A Kossovo fais dresser une église.
« N'y pose pas des assises de marbre,
« Mais seulement de soie et d'écarlate (1).
« Fais à l'église communier l'armée,
« Et range-la en ordre de bataille.
« Toute l'armée des Serbes périra ;
« Tu périras aussi, prince, avec elle. »

Quand l'empereur a entendu ces mots,
Il pense, il pense et de toute façon :
« Mon Dieu ! que faire et comment dois-je faire ?
« Pour quel royaume dois-je me décider ?
« Ce sera-t-il le royaume terrestre ?
« Si je décide de préférer le règne,
« De préférer le règne de la terre,
« Il sera court, le royaume sur terre :
« Celui du ciel pour les siècles des siècles. »

Il a choisi le royaume du ciel ;
Il le préfère à celui de la terre.
A Kossovo il élève une église ;
Il n'y met pas des assises de marbre.
Il la construit de soie et d'écarlate.
Puis il convoque le patriarche serbe
Et douze grands évêques avec lui.

(1) C'est-à-dire : dresse une tente.

Il fait alors communier l'armée.
A peine a-t-il mis son armée en ordre,
Celle des Turcs fondait sur Kossovo.

II. — Le sultan Mourad envoie une lettre à Lazare.

Sultan Mourad à Kossovo survient.
Il écrit vite une lettre menue (1);
A Krouchévatz, à la ville il l'envoie
Sur les genoux de l'empereur Lazare :
« A toi, Lazare, tête de la Serbie!
« Ce qui ne fut jamais et ne peut être,
« C'est deux seigneurs pour une seule terre,
« Qu'un même serf donne deux fois tribut.
« Régner tous deux, nous ne le pouvons pas.
« Fais-moi porter les clefs et les tributs,
« Les clefs dorées de toutes tes cités
« Et les tributs pour sept ans à venir.

« Si tu refuses de me les envoyer,
« Alors arrive aux champs de Kossovo :
« Qu'avec le sabre nous partagions la terre ! »
Lorsqu'à Lazare arrive cette lettre,
Il la regarde et pleure amèrement.

Il faut entendre comment Lazare alors
A durement adjuré tous les Serbes :
« Celui qui est Serbe et de père serbe,
« Qui est de sang et de famille serbe,

(1) C'est-à-dire écrite en caractères fins.

« S'il ne vient pas combattre à Kossovo,
« Que, sous sa main, il ne lui pousse rien !
« Que le froment ne pousse dans son champ!
« Sur la colline que sa vigne ne pousse! »

III. — Milosch Obilitch est accusé de trahison.

Lazare fête sa fête patronale
A Krouchévatz, place fortifiée.
Il fait asseoir à table ses seigneurs,
Tous les seigneurs et les fils des seigneurs.
A sa main droite est le vieux Joug Bogdan,
Et, après lui, ses neuf fils Jougovitch.
Vouk Brankovitch est à gauche du prince;
Tous les seigneurs sont placés à leur rang.
A l'autre bout est Milosch Obilitch.
A ses côtés deux voïvodes serbes :
L'un des héros est Ivan Kosantchitch,
L'autre héros est Milan Toplitza.

Lazare prend une coupe dorée,
Et parle ainsi à tous les seigneurs serbes :
« A la santé dequi boire la coupe?
« Si je veux boire la coupe à la vieillesse,
« Je dois la boire au vieillard Joug Bogdan ;
« Si je la veux boire à la seigneurie,
« Je dois la boire à Vouk, à Brankovitch ;
« Si je veux boire la oupe à l'amitié.
« Je dois la boire aux frères de ma femme,
« Mes neuf beaux-frères, les neuf fils Jougovitch.
« Si je veux boire la coupe à la beauté,

« Je dois la boire à Ivan Kosantchitch ;
« Si je veux boire la coupe à la stature,
« Je dois la boire à Milan Toplitza ;
« Si je veux boire la coupe à l'héroïsme,
« Je dois la boire à Milosch Obilitch :
« A aucune autre ici je ne veux boire
« Qu'à la santé de Milosch Obilitch :
« A ta santé, Milosch, fidèle ou traître !
« D'abord fidèle, traître au dernier moment !
« Tu vas demain trahir à Kossovo ;
« Tu vas passer au sultan turc Mourad !
« A ta santé ! tu vas boire le vin,
« Et je t'honore du présent de la coupe. »

Milosch sauta dessus ses pieds légers ;
Puis vers la terre noire il s'inclina :
« A toi merci, glorieux empereur ;
« A toi merci, prince, pour la santé,
« Pour la santé, prince, et pour ton présent.
« Je ne dis pas merci pour tes paroles.
« Un traître, moi ! jamais je ne le fus,
« Je ne le fus et je ne le serai.
« Demain, je pense mourir à Kossovo
« A Kossovo pour notre foi chrétienne.
« A ton côté, il est assis, le traître,
« Sous ton manteau, lui qui boit le vin frais.
« C'est le maudit Vouk, c'est Vouk Brankovitch.
« De saint Vitus demain est le beau jour.
« Nous verrons bien, au champ de Kossovo,
« Quel est le traître et quel est le fidèle.
« Oui, je le jure par Dieu, le Tout-Puissant,
« J'irai demain au champ de Kossovo.

« Je percerai Mourad, le sultan turc,

« Et sur sa gorge je poserai mon pied.

« Si le bon Dieu et la fortune donnent,

« Qu'à Krouchévatz je retourne vivant;

« Je saisirai alors Vouk Brankovitch;

« Je le lierai à ma lance de guerre,

« Comme une femme du lin à sa quenouille;

« A Kossovo je le rapporterai. »

IV. — Milosch Obilich demande où est la tente du sultan Mourad.

« Frère adoptif, mon Ivan Kosantchitch,

« Au camp des Turcs n'as-tu pas pénétré?

« Il y a-t-il chez eux beaucoup de troupes?

« Contre les Turcs pouvons-nous bien lutter?

« Et pouvons-nous les vaincre en combattant? »

Ivan répond à Milosch Obilitch :

« Parmi l'armée des Turcs j'ai pénétré.

« Oui, cette armée des Turcs est innombrable.

« Si nous tous, Serbes, étions changés en sel,

« Nous ne pourrions leur saler un repas !

« Sans arrêter, pendant quinze jours pleins,

« J'ai cheminé le long des hordes turques,

« Sans en trouver ni la fin ni le nombre.

« Du sycomore jusqu'au chemin du pont,

« De ce chemin jusqu'au fort de Zvétchane,

« Depuis Zvétchane, frère, jusqu'à Tchétchane,

« Et au-dessus de Tchéchane jusqu'aux pics,

« Tout par les Turcs a été occupé :

« Homme contre homme, cheval contre cheval;

« Les lances sont comme une forêt noire ;
« Des étendards partout comme un nuage ;
« Leurs tentes sont comme un voile de neige.
« Du ciel la pluie, tombât-elle serrée,
« Ne tomberait nulle part sur la terre,
« Mais sur les bons chevaux et les guerriers.
« Mourad commande le Lab, la Sitnitza (1) ;
« Il a fondu sur les champs de Mazguite. »

Alors Milosch Obilich lui demande :
« Frère adoptif, mon Ivan Kosantchiltch,
« Où est la tente de ce puissant Mourad?
« Car j'ai promis au glorieux Lazare
« Que je tuerai Morad, le sultan turc,
« Et poserai sur sa gorge mon pied. »

Alors Ivan Kosantchitch lui répond :
« Frère adoptif, est-ce que tu es fou?
« Où est la tente de ce puissant Mourad ?
« C'est au milieu du puissant camp des Turcs.
« Quand tu aurais les ailes du faucon,
« Si tu fondais du haut du ciel serein,
« Tes ailes mêmes n'en tireraient ton corps. »

Alors Milosch adjure Ivan ainsi :
« O mon Ivan, qui n'es pas mon vrai frère,
« Mais cher à moi comme l'est un vrai frère :
« Ne parle pas ainsi à notre prince,
« Car notre prince se découragerait ;
« Toute l'armée aussi s'effraierait.

(1) Deux rivières.

« A notre prince voici ce qu'il faut dire :

« — *Y a beaucoup de troupes chez les Turcs ;*

« *Mais nous pouvons bien combattre avec eux,*

« *Et nous pouvons facilement les vaincre.*

« *Car ce n'est pas une troupe de guerre :*

« *De vieux imans et de vieux pèlerins,*

« *Des ouvriers, et de jeunes marchands,*

« *Qui de leur vie n'ont pas vu un combat,*

« *Qui sont venus pour du pain à manger.*

« *Et leur armée, elle est toute malade*

« *Terriblement de la dyssenterie.*

« *Leurs bons chevaux sont malades aussi.*

« Voilà au prince ce qu'il faut raconter. »

V. — L'impératrice Militza veut garder un de ses frères auprès d'elle.

Est l'empereur assis à son souper.

L'impératrice Militza près de lui.

L'impératrice parle ainsi à Lazare :

« Prince Lazare, couronne d'or des Serbes,

« Tu vas partir demain pour Kossovo,

« Et emmener serviteurs et guerriers.

« A la maison, ô empereur Lazare,

« Tu ne me laisses aucun homme avec moi,

« Qui puisse à toi apporter une lettre

« A Kossovo et m'en rapporter une.

« Et tu m'emmènes mes neuf frères chéris,

« Tous mes neuf frères, tous les neuf Jougovitch.

« Laisse à la sœur, laisse un de ses neuf frères,

« Un seul par qui elle puisse jurer.
« Le prince serbe, Lazare dit alors :
« Impératrice, ma dame Militza,
« De tes neuf frères, lequel préfères-tu
« Que je te laisse dans la blanche maison?
« — Cil que je veux, c'est Bosko Jougovitch. »

Le prince serbe, Lazare dit alors :
« Impératrice, ma dame Militza,
« Lorsque demain le jour blanc paraîtra,
« Que le soleil demain se lèvera,
« Lorsque ouvriront les portes de la ville,
« Avance-toi : reste auprès de la porte
« Par où l'armée en ordre sortira,
« Tous les guerriers sous leurs lances de guerre.
« Boschko sera le premier en avant :
« C'est lui qui porte l'étendard de la croix.
« Tu lui diras, le saluant pour moi,
« Que l'étendard il donne à qui lui plaît
« Et qu'avec toi il reste à la maison. »

Le lendemain, lorsque parut le jour
Et que s'ouvrirent les portes de la ville,
L'impératrice Militza est sortie.
Elle se tient tout auprès de la porte :
Voici venir les troupes bien rangées,
Les cavaliers sous les lances de guerre,
Et devant eux est Boschko Jougovitch.
Son alezan est tout couvert d'or pur.
Et l'étendard de la croix le couvrait
Oui, mes amis (1), jusque sur l'alezan.

(1) Ceci s'adresse aux auditeurs. Le texte dit : mes frères d'adoption.

Sur l'étendard est une pomme d'or ;
Sont accrochées des croix d'or à la pomme ;
De chaque croix pendent de longs glands d'or ;
Les franges flottent sur le dos de Boschko.

L'impératrice Militza se rapproche ;
Elle saisit l'alezan par la bride ;
Joignant ses bras sur le cou de son frère,
Elle commence à lui dire tout bas :
« Frère Boschko, mon frère Jougovitch.
« A moi Lazare l'empereur t'a donné,
« A Kossovo pour que tu n'ailles pas.
« Il te salue et par moi te fait dire
« A qui te plait de donner l'étendard
« Et de rester avec moi dans la ville,
« Afin que j'aie un frère pour jurer. »

Mais à sa sœur Boschko a répondu :
« Va-t'en, ma sœur, va vers ta blanche tour.
« Je ne voudrais retourner en arrière,
« Moi, ni laisser l'étendard de la croix,

« Dût l'empereur me donner Krouchévatz !
« Pour que de moi les autres puissent dire :
« Voyez Boschko, le lâche Jougovitch !
« Il n'ose pas aller à Kossovo
« Verser son sang pour notre sainte croix,
« Et pour sa foi mourir à Kossovo.
Alors il pousse son cheval vers la porte.

Voici venir le vieillard Joug Bogdan.
Derrière lui marchent sept Jougovitch.

Tous à la suite elle les arrêtait :
Aucun des sept ne veut la regarder.

Un peu de temps se passe après cela.
Voici le jeune Voïna Jougovitch.
C'est lui qui mène les destriers du prince,
Tout recouverts d'ornements en or pur.
Le cheval gris elle arrête sous lui,
Et, lui joignant les bras autour du cou,
Elle commence à lui parler ainsi :
« Mon jeune frère Voïna Jougovitch,
« A moi Lazare l'empereur t'a donné.
« Il te salue et par moi te fait dire
« A qui te plaît de donner des chevaux
« Et de rester avec moi dans la ville,
« Afin que j'aie un frère pour jurer.

Mais Voïna Jougovitch lui répond :
« Va-t'en, ma sœur, va dans ta blanche tour.
« Je ne voudrais, moi guerrier, retourner
« Ni laisser là les destriers du prince,
« Quand je saurais que je devrai périr.
« Je vais, ma sœur, aux champs de Kossovo,
« Verser mon sang pour notre sainte croix
« Et pour la foi mourir avec mes frères. »
Alors il pousse son cheval vers la porte.
L'impératrice, quand elle vit cela,
Elle tomba dessus la pierre froide,
Elle tomba et perdit connaissance.
Voici venir le glorieux Lazare.

Quand il a vu sa dame Militza,
Les pleurs coulèrent le long de son visage.

Il regarda et à droite et à gauche,
Son serviteur Gobulan appela :
« Mon serviteur fidèle, Gobulan,
« Tu vas descendre de ton cheval de cygne.
« Sur tes bras blancs viens prendre ta maîtresse
« Et porte-la dans la tour élancée.
« Au nom de Dieu, c'est moi qui te pardonne
« Si tu ne vas te battre à Kossovo;
« Mais reste ici, reste à mon blanc palais. »

Quand Goluban a entendu ces mots,
Les larmes coulent le long de ses joues blanches.
Puis il descend de son cheval de cygne,
Il prend la dame, la prend sur ses bras blancs,
Et il la porte dans la tour élancée.
Mais à son cœur il ne peut résister,
A Kossovo pour aller au combat.
Il se retourne vers son cheval de cygne,
Monte dessus et va à Kossovo.

VI. — Comment les corbeaux annoncent la bataille à l'impératrice Militza.

Le lendemain quand le jour a lui,
Deux noirs corbeaux arrivent en volant
De Kossovo, cette plaine étendue.
Ils s'arrêtèrent au-dessus de tour,
La blanche tour du glorieux Lazare.
L'un d'eux croasse : le second parle ainsi :
« Est-ce la tour du glorieux Lazare ?
« Dans le palais n'y a-t-il donc personne ? »

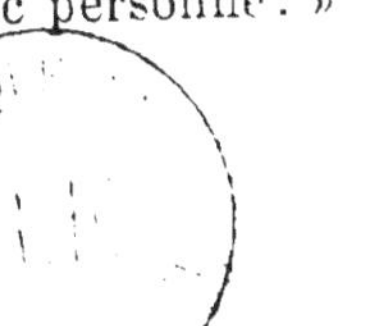

Dans le palais personne n'entendit ;
Mais la princesse Militza entendit.
Elle sortit devant la blanche tour
Et demanda à ces deux noirs corbeaux :
« Au nom de Dieu, ô vous deux, noirs corbeaux,
« D'où ce matin êtes-vous envolés !
« Arrivez-vous du champ de Kossovo ?
« Avez-vous vu les deux fortes armées ?
« Les deux armées se sont-elles choquées ?
« Laquelle armée a-t-elle été vainqueur ? »
Mais les deux noirs corbeaux lui répondirent :
« Au nom de Dieu, princesse Militza,
« De Kossova nous venons ce matin.
« Nous avons vu les deux fortes armées.
« Les deux armées hier se sont rencontrées.
« Il est resté quelque chose des Turcs,
« Aussi des Serbes, mais de ce qu'il en reste,
« Tout est blessé, tout est ensanglanté. »

VII. — Comment Vouk Brankovitch a trahi les chrétiens.

L'impératrice errait hors de la ville,
Sous les remparts de Krouchévatz la blanche.
Sont avec elle ses deux filles chéries,
Voukossova et la belle Marie.
Le voïvode Vladète arrive à elles,
Sur son cheval, le bon cheval bai brun.
Il avait mis en sueur le cheval,
Qui d'une blanche écume est tout couvert.
L'impératrice Militza lui demande :

« Au nom de Dieu, voïvode du prince,

« Pourquoi as-tu tant mouillé ton cheval?

« Ne viens-tu pas des champs de Kossova.

« N'as-tu pas vu l'empereur honoré,¹

« Qui est seigneur et de moi et de toi? »

Le voïvode Vladète lui répond :

« Au nom de Dieu, princesse Militza,

« Oui, moi, j'arrive des champs de Kossovo.

« Je n'ai pas vu l'empereur honoré ;

« Mais j'y ai vu son cheval pommelé ;

« A Kossovo, les Turcs courent après :

« Je pense bien que le prince a péri. »

L'impératrice, quand elle entend cela,

Ses larmes coulent le long de ses joues blanches.

Elle demande encore à Vladéta :

« Dis-moi encore, voïvode du prince,

« Quand tu étais aux champs de Kossovo,

« N'as-tu pas vu là les neuf Jougovitch,

« Et le dixième, le vieillard Joug-Bogdan? »

Le voïvode répond à Militza :

« En traversant la plaine à Kossovo,

« J'ai vu tes frères, tous les neuf Jougovitch,

« Et le dixième, le vieillard Joug-Bogdan.

« A Kossovo, dans la plaine, ils sont là!

« Jusqu'aux épaules les bras ensanglantés,

« Et leurs épées jusques à la poignée.

« Hélas ! déjà leurs mains sont fatiguées

« De massacrer des Turcs à Kossovo. »

L'impératrice dit alors à Vladète :

« Ecoute encore, voïvode du prince ;

« N'as-tu pas vu aussi là mes deux gendres,
« Vouk Brankovitch et Milosch Obilitch ? »

Le voïvode Vladète lui répond :
« En traversant la plaine à Kossovo,
« J'ai vu ton gendre, voïvode Milosch ;
« A Kossovo, dans la plaine, il était ;
« Il s'appuyait sur sa lance de guerre.
« La lance était brisée en deux morceaux.
« J'ai vu les Turcs qui se jetaient sur lui :
« Je pense bien qu'il est mort maintenant,
« Mais je n'ai pas aperçu Brankovitch.
« Lazare était avec le gros des Serbes,
« Soixante-dix et sept mille guerriers,
« Qui dispersaient les Turcs à Kossovo,
« Ne laissant pas les Turcs les regarder,
« Encore moins se mesurer à eux.
« Certes, Lazare aurait vaincu les Turcs ;
« Mais Brankovitch, Dieu veuille l'écraser !
« Il a trahi Lazare à Kossovo ;
« Il est parti avec douze mille hommes,
« Douze mille hommes armés de pied en cap.
« Alors les Turcs ont pu vaincre Lazare ;
« Le prince serbe alors a succombé.
« Toute l'armée aussi a succombé ;
« Soixante-dix et sept mille guerriers.
« Tous aujourd'hui sont saints et honorés.
« Ils sont admis tous auprès du bon Dieu.

« A Kossovo, Vouk a trahi Lazare,
« Il a trahi le prince glorieux.
« Que le soleil n'éclaire plus sa face !

« Vouk a trahi son seigneur, son beau-père.
« Maudit soit-il et qui l'a engendré !
« Maudites soient sa tribu et sa race ! »

VIII. — Comment Milosch Obilitch a tué le sultan Mourad.

Comme Vladète parlait à Militza,
Le serviteur Miloutine arriva.
Dans sa main droite il porte sa main gauche ;
Il a sur lui dix-sept blessures vives,
Et son cheval est ruisselant de sang.
L'impératrice Militza lui demande :
« Quoi, malheureux ! serviteur Miloutine,
« Aurais-tu donc abandonné Lazare ? »
Le serviteur Miloutine répond :
« Fais-moi descendre de mon cheval vaillant,
« Et lave-moi, maîtresse, avec l'eau froide.
« Rafraîchis-moi avec du vin vermeil.
« Elles sont graves, mes blessures reçues. »

L'impératrice le descend de cheval :
L'impératrice le lave avec l'eau froide,
Le rafraîchit avec du vin vermeil.
Quand Miloutine est un peu revenu,
Alors la dame Militza lui demande :
« A Kossovo, qu'y a-t-il, serviteur ?
« Où est tombé le glorieux Lazare ?
« Où est tombé le vieillard Joug Bogdan ?
« Où sont tombés les frères Jougovitch ?
« Où est tombé voïvode Milosch ?

« Où est tombé aussi Vouk Brankovitch?
Le serviteur commence à raconter :
« Tous sont restés, maîtresse, à Kossovo.
« Où est tombé le glorieux Lazare,
« Beaucoup de lances ont été là brisées,
« Beaucoup de lances de Serbes et de Turcs,
« Mais plus de lances à nos Serbes qu'aux Turcs,
« Pour la défense de ton seigneur, maîtresse,
« De ton seigneur, le glorieux Lazare.
« Ton père Joug, maîtresse, a succombé
« Dès le début, à la première charge.
« Tombés aussi sont huit des Jougovitch,
« Aucun des frères n'abandonnant les autres.
« Aussi longtemps qu'un seul frère vivait.
« Le seul Boschko Jougovitch reste encore.
« Son étendard flotte sur Kossovo.
« Par troupe encore il disperse les Turcs,
« Comme un faucon disperse les colombes. »

« Que parles-tu du maudit Brankovitch ?
« Il a trahi Lazare à Kossovo ;
« Il a trahi son seigneur et le tien.

« Milosch, ton gendre, maîtresse, a succombé
« Auprès des eaux froides de Sitnitza.
« C'est là qu'il a péri beaucoup de Turcs !
« Milosch a tué Mourad, le sultan turc,
« Et douze mille de ses Turcs avec lui.
« Dieu ait pitié de qui l'a engendré !
« Il restera en souvenir aux Serbes,
« Pour être dit et chanté si longtemps
« Que dureront Kossovo et les hommes ! »

Quatre cents ans de domination turque ont alimenté
le souvenir du désastre de Kossovo. Aussi ces chants
se sont-ils conservés jusqu'à nos jours chez les Serbes,
depuis le Danube jusqu'à l'Adriatique. L'impression
est aussi fraîche et aussi poignante que si la bataille
avait été perdue hier. La légende a même envahi les
documents publics. « S'il se trouvait au Monténégro,
« dit une déclaration signée par les chefs monténé-
« grins en 1803, s'il se trouvait un homme, un village,
« une tribu qui, ostensiblement ou occultement,
« trahisse la patrie, nous le vouons unanimement à
« l'éternelle malédiction, ainsi que Judas, qui a trahi
« le Seigneur Dieu, et l'infâme Vouk Brankovitch,
« qui, en trahissant les Serbes à Kossovo, s'attira la
« malédiction des peuples et se priva de la miséricorde
« divine. »

Les Monténégrins ayant continué sans interruption
la lutte contre les Turcs depuis 1389, c'est naturellement sur cette partie de l'ancien territoire serbe
que l'arbre poétique de Kossovo a poussé les plus
profondes racines et qu'il refleurit encore de nos
jours. A l'occasion de la bataille gagnée sur les
Turcs en 1858, à Grahovo, plusieurs chants ont été
composés d'après le mode ancien, lequel a été aussi
conservé religieusement. L'un de ces chants rappelle
le désastre de Lazare :

Gloire à Dieu et au saint Sauveur !
Il n'était pas né en Serbie un Serbe

Capable de venger le glorieux Lazare,
Qui a péri dans la plaine de Kossovo;
Il n'en était pas né, jusqu'au prince Daniel Pétrovitch,
Qui venge le glorieux Lazare
A Grahovo, dans la plaine étendue.
Dieu et Notre-Dame fassent
Que la couronne échoie à son fils!

Enfin, hier encore (septembre 1875), l'un des chefs de l'insurrection qui a éclaté en Bosnie, en Herzegovine et dans la vieille Serbie, vient de faire appel, dans une proclamation, aux vieux souvenirs poétiques de la nation serbe :

Frères, il y a longtemps qu'a été livrée la bataille dans les plaines de Kossovo; mais, depuis ce moment, la nation endure incessamment des injustices, le pillage et le mauvais traitement... Chaque pied de terrain est trempé du sang et des larmes de nos ancêtres. Les Turcs foulent encore aux pieds la foi, la liberté, l'honneur et les biens des descendants des Niemanitch (1) et des Obilitch...

Vous voyez bien que c'est encore vivant.

II

LE MONASTÈRE DE RAVANITZA.

Nulle part la poésie populaire n'a plus d'importance qu'en Serbie, où les autres documents indigènes font

______
(1) La dynastie des anciens rois serbes

souvent défaut à l'histoire. Et parmi les chants, il n'y
en a pas qui ait, au point de vue de l'art, autant de
valeur que le cycle de la guerre de Kossovo. Qu'il me
soit donc permis d'y revenir : je citerai d'abord deux
chants qui encadrent en quelque sorte le drame de la
bataille.

Le *glorieux Lazare* célèbre une fête dans son palais
de Krouchévatz. Il a convié tous les seigneurs à un
banquet splendide, où chacun est placé suivant son
âge et suivant son rang :

Ils étaient là à boire le vin frais,
Des plus hauts crûs il y a l'abondance.
Et ils parlaient de mainte bonne chose,
Lorsque la reine Militza est entrée.
Elle s'avance doucement vers le trône.

La femme de Lazare porte des voiles que surmonte
une couronne d'or : elle a neuf colliers au cou :

Militza dit au glorieux Lazare :
« Glorieux prince, Lazare, mon seigneur,
« Je ne devrais lever les yeux sur toi,
« Encore moins t'adresser la parole.
« Ça ne peut être et il faut que je parle.
« Tous, tant qu'ils furent, les anciens rois des Serbes,
« Ils ont régné, puis ils ont trépassé.
« Ils n'avaient pas entassé leurs richesses :
« Ils en bâtirent des fondations pies.
« Ils ont bâti beaucoup de monastères... »

Ici l'impératrice Militza énumère minutieusement les fondations *pour l'âme* dues aux prédécesseurs de Lazare, comme Milosch Obilitch l'avait fait en parlant à la Seigneurie latine de Cattaro. Elle reprend :

« Tout cela fut leurs fondations pies !
« Et toi, Lazare, tu siéges sur leur trône,
« Et tu entasses en monceau les richesses ;
« Tu ne bâtis nulle fondation.
« N'aurons-nous pas bien assez de richesses
« Pour la santé, pour le salut des âmes,
« Et pour nous-mêmes, ainsi que pour les autres ? »

Lazare s'écrie qu'il va fonder un monastère à Ravanitza. N'a-t-il pas des trésors tout autant qu'il lui plaît ? Les assises de sa fondation seront de plomb, les murs d'argent, le toit d'or, le revêtement de perles fines et les broderies de pierres précieuses. Tous les seigneurs serbes se lèvent pour applaudir à la décision de Lazare. Le voïvode Milosch Obilitch reste seul assis au bout de la table et ne dit rien. Lazare le voit, et, vidant une coupe d'or :

A ta santé, voïvode Milosch !
Et toi aussi, dis-moi donc quelque chose :
Dois-je bâtir la fondation pie ?

Milosch se lève ; il ôte son kalpak à aigrette et salue respectueusement le prince. On lui apporte une coupe d'or remplie de vin. Il reçoit la coupe, mais il ne la vide pas et commence à parler :

Glorieux prince, prends les livres anciens ;
Regardes-y et vois ce qu'ils nous disent :
Est arrivé le temps, le temps suprême ;
De notre empire les Turcs vont s'emparer ;
Les Turcs bientôt vont régner en Serbie ;
Ils détruiront nos fondations pies ;
Ils détruiront nos monastères saints ;
Ils détruiront aussi Ravanitza,
Déterreront les assises de plomb :
Ils les fondront en boulets de canon
Pour fracasser les remparts de nos villes.
Ils feront fondre l'argent de ses murailles
Pour en orner leurs dextriers arabes.
Ils tireront l'or du toit de l'église
Pour en forger des colliers à leurs femmes.
Ils tireront les perles de l'église
Pour en orner les colliers de leurs femmes,
Et ils prendront les pierres précieuses
Pour enchâsser sur la garde des sabres.

Écoute-moi, ô glorieux Lazare !
Enfouissons des assises de marbre,
Et bâtissons l'église tout en pierres.
Les Turcs viendront ; ils prendront notre empire ;
Mais, de ce jour jusqu'au grand jugement,
Votre couvent de pierres restera.
Avec des pierres ils n'auront que des pierres...

Milosch avait raison : les Turcs sont venus, et la
fondation de Lazare, l'église de Ravanitza, est restée
debout après cinq siècles. C'est un monument de

style byzantin, avec deux étages de fenêtres géminées ; deux petites coupoles sont en avant et en arrière de la coupole centrale. Vous en trouverez le dessin dans l'ouvrage allemand de Kanitz sur la Serbie.

Cependant, Lazare avait fondé Ravanitza pour y être enterré.

La légende de la translation est l'une des plus saisissantes de la série kossovienne. Le merveilleux chrétien s'y mêle au fantastique, et l'ensemble produit une profondeur d'émotion que l'art le plus raffiné a rarement atteinte.

La translation de Lazare.

Quand on coupa la tête de Lazare,
A Kossovo, sur le champ de bataille,
Aucun des Serbes n'était auprès de lui.
Là se trouvait un jeune garçon turc ;
C'était un Turc, mais né d'une captive ;
Il était né d'une captive serbe.
Il s'écria, le jeune garçon turc :
« Ohé ! mes frères, vous les Turcs, mes amis,
« Cette tête est la tête d'un seigneur.
« C'est un péché devant le Dieu unique
« Que les corbeaux, les aigles la becquettent,
« Que les chevaux et les guerriers la foulent. »
De saint Lazare il prend alors la tête ;
Il l'enveloppe dedans son manteau rond,

Porte la tête près d'une source fraîche,
Et dans la source il la laisse tomber.
Est demeurée la tête dans la source
Pendant longtemps, pendant quarante années,
Tandis qu'était le corps à Kossovo,
Où ni corbeaux ni aigles ne le mangent,
Où ne le foulent ni hommes ni chevaux.
En toute chose, rendons grâce au bon Dieu !

Alors survinrent trois jeunes muletiers ;
De Scopia, de la blanche cité,
Ils conduisaient des Grecs et des Bulgares,
Et ils allaient à Niche et à Vidin ;
A Kossovo ils ont fait leur étape.
Ils ont soupé, les jeunes muletiers :
Ils ont soupé, après quoi ils ont soif.
Lors ils allument d'un genévrier sec,
Lors ils allument entre eux la claire torche;
A Kossovo ils vont cherchant de l'eau.

L'heur (un bon-heur !) conduit les muletiers,
L'heur les conduit vers cette même eau fraîche.
Alors un d'eux dit à ses compagnons :
« Voyez dans l'eau comme la lune brille ! »
Mais le second muletier lui répond :
« Ce n'est pas, frères, la lune qui luit. »
L'autre se tait ; il ne dit pas un mot.
Vers l'Orient le jeune homme se tourne,
Et il s'adresse à Dieu le véritable,
A notre Dieu et à saint Nicolas :
« Aidez-nous, Dieu et père Nicolas! »
Ainsi dit-il ; il entre dans l'eau fraîche,

Et il retire de l'eau fraîche la tête
De saint Lazare, de l'empereur des Serbes.
Sur l'herbe verte il dépose la tête.
Ensuite ils puisent de l'eau dans une coupe
Jusqu'ils aient bu tour à tour à leur soif.

Quand ils se tournent pour regarder la terre,
Sur l'herbe verte il n'y a plus de tête !
La tête allait, seule à travers la plaine,
La sainte tête seule, jusqu'au saint corps ;
Elle s'y soude comme elle avait été.

Quand au matin le blanc jour apparaît,
Les jeunes gens portèrent la nouvelle,
Ils la portèrent au vieux prêtre de là.
A Kossovo beaucoup de prêtres vinrent ;
Trois cents vieux prêtres vinrent à Kossovo,
Ensemble avec les douze grands évêques
Et les anciens quatre grands patriarches,
D'abord d'Ipek (1), puis de Constantinople,
D'Alexandrie et de Jérusalem.
Ils sont vêtus de leurs plus blancs habits ;
Ils ont en tête leurs calottes à voile
Et à leurs mains les vieilles Écritures.
Ils récitèrent les plus grandes prières :
Ils célébrèrent l'office des vigiles.
Pendant trois jours et pendant trois nuits sombres
Ils ne s'assirent, ils ne se reposèrent,
Ni se couchèrent, ni eurent de sommeil.

(1) Siége d'un patriarcat serbe fondé par saint Sava, prince serbe.
C'est en son honneur que la Herzégovine a été appelée le duché de
Saint-Sava.

Ils demandaient au saint prince : « Où veut-il,

« Veut-il aller? Quelle fondation?

« A Oppoyo ou bien à Krouchédol?

« Est-ce à Jassak ou bien à Béchénov?

« A Rahovatz ou à Chichatovatz?

« Est-ce à Tchivcha ou à Kouvejdina?

« Ou bien veut-il aller en Macédonie? »

Le Saint ne veut fondations d'autrui ;

Mais le Saint veut sa fondation propre.

Lazare veut son beau Ravanitza

Sous la hauteur, sous le mont de Koutchal,

Là où Lazare a bâti une église

Lorsqu'il était encor de cette vie,

Où il s'est fait une fondation

Avec son propre pain et son trésor,

Sans qu'il en coûte de larme au malheureux.

III

LA JEUNE FILLE DE KOSSOVO.

Voilà ce que peut produire l'imagination poétique de tout un peuple dans le malheur, mise en mouvement par l'amour ! J'arrêterais ici le cours déjà bien prolongé de ces citations, si je ne tenais à mettre en lumière une pièce (ce sera la dernière) qui montre précisément l'intervention directe du peuple dans les péripéties du drame religieux et national de la Serbie.

Le chant de la *Jeune fille de Kossovo* n'est pas seulement pathétique; il est remarquable en ce qu'il montre, sur le terrain social, qnelque chose de naturel et d'harmonique. On sent que les personnes de conditions très-différentes qui y figurent vivent fraternellement dans une sphère très-pure et très-haute. Tel est, du moins, l'idéal du poëte ; mais l'*idéal* n'est-il pas plus vrai que la réalité brutale et contingente? Comment un peuple pourrait-il rendre sensible, avec les traits lumineux de l'art, un idéal sublime, s'il ne le portait pas dans son âme?

La jeune fille de Kossovo.

A Kossovo, de bonne heure une fille
S'était levée de bonne heure un dimanche,
S'était levée avant le clair soleil.
La jeune fille a retroussé sa manche,
L'a retroussée jusqu'à son coude blanc.
Sur son épaule elle porte du pain,
Et de ses mains elle porte deux vases :
Dans le premier il y a de l'eau fraiche :
Dans le second elle a du vin vermeil.
Elle s'en va aux champs de Kossovo.
La fille errait au milieu du désastre,
Le grand désastre du glorieux Lazare.
Quand elle trouve un des héros en vie,
La jeune fille le lave avec de l'eau fraiche,
Avec le vin elle le désaltère,
Avec le pain elle le réconforte.

Elle arriva auprès du héros Paul,
Paul Orlovitch, porte-étendard du prince.

Elle trouva le jeune Paul en vie ;
Mais au héros la main droite est coupée,
La jambe gauche aussi jusqu'au genou.
Le héros Paul a les côtes brisées ;
Dans sa poitrine on voit le poumon blanc.
La jeune fille le lave avec l'eau fraîche
De tout le sang qu'il avait sur le corps.
Avec le vin elle le désaltère,
Avec le pain elle le réconforte.

Lorsque le cœur a battu au héros,
Paul Orlovitch dit à la jeune fille :
« O chère sœur, fille de Kossovo,
« O chère sœur, dis-moi ce qui t'oblige
« A retourner les héros dans le sang.
« Qui cherches-tu sur le champ de bataille ?
« Est-ce ton frère, ou le fils de ton frère,
« Ou bien ton père que tu cherches ici ? »

La jeune fille de Kossovo répond :
« Frère chéri, chevalier inconnu,
« De ma famille je ne cherche personne :
« Ce n'est mon frère, ni le fils de mon frère,
« Ni mon vrai père que je cherche partout.
« Rappelle-toi, chevalier inconnu !
« Lazare a fait communier l'armée,
« A Samodrège, dans une belle église,
« Par trente moines et pendant trois dimanches
« Toute l'armée serbe a communié,

« Trois voïvodes belliqueux les derniers.
« L'un des héros, c'est Milosch Obilitch.

« Et le second c'est Ivan Kosantchitch,
« Et le troisième est Milan Toplitza,
« Trois beaux héros, s'il en est dans le monde !
« Sur le pavé les sabres leur trainaient ;
« Bonnet de soie, une aigrette enchâssée ;
« Sur leurs épaules un manteau rond pendait ;
« Autour du cou un beau mouchoir en soie.
« Lorsque passait le chevalier Milosch,
« Il se retourne, il regarde vers moi ;
« Il se dévêt de son beau manteau rond :
« *Tiens, jeune fille, voici un manteau rond.*
« *Par ce manteau de moi qu'il te souvienne,*
« *Qu'il te souvienne de moi et de mon nom !*
« *Voici, chère âme, que je m'en vais mourir*
« *Avec l'armée du prince glorieux.*
« *Prie, ô chère âme, prie Dieu le Très-Haut*
« *Que sain et sauf je retourne du camp.*
« *Il te viendra lors une bonne chance :*
« *Je te prendrai pour femme de Milan,*
« *Milan, mon frère adoptif devant Dieu,*
« *Que j'adoptai devant Dieu et saint Jean.*
« *Je serai, moi, le parrain de tes noces.* »

« Après Milosch marche Ivan Kosantchitch.
« Il se retourne, il regarde vers moi
« Et de son doigt il ôte l'anneau d'or :
« *Tiens, jeune fille, voici un anneau d'or,*
« *Par cet anneau de moi qu'il te souvienne,*
« *Qu'il te souvienne de moi et de mon nom !*

« *Voici, chère âme, que je m'en vais mourir*

« *Avec l'armée du prince glorieux.*

« *Prie, ô chère âme, prie Dieu le Très-Haut*

« *Que sain et sauf je retourne du camp.*

« *Il te viendra lors une bonne chance :*

« *Je te prendrai pour femme de Milan,*

« *Milan, mon frère adoptif devant Dieu,*

« *Que j'adoptai pour frère devant Dieu,*

« *Que j'adoptai devant Dieu et saint Jean.*

« *Je serai, moi, le garçon de tes noces.* »

« Cil qui le suit, c'est Milan Toplitza.

« Il se retourne, il regarde vers moi,

« Et de son bras ôte le bracelet :

« *Tiens, jeune fille, tiens ce bracelet d'or,*

« *Et que par lui de moi il te souvienne,*

« *Qu'il te souvienne de moi et de mon nom !*

« *Voici, chère âme, que je m'en vais mourir*

« *Avec l'armée du prince glorieux.*

« *Prie, ô chère âme, prie Dieu le Très-Haut*

« *Que sain et sauf je retourne du camp.*

« *Il te viendra lors une bonne chance :*

« *Je te prendrai pour ma femme fidèle.* »

Paul Orlovitch dit à la jeune fille :

« O chère sœur, fille de Kossovo,

« Vois-tu, mon âme, ces lances de combat,

« Où c'est le plus haut et le plus épais :

« Là a coulé le sang de nos héros,

« Jusqu'au poitrail et jusqu'aux étriers,

« A la hauteur du poitrail d'un cheval,

« Et jusqu'à la ceinture des héros.

« C'est là qu'ils ont succombé tous les trois.

« Mais, toi, retourne vers la blanche maison ;
« Ne rougis plus tes manches et ta robe. »

La jeune fille entendit ces paroles :
Les larmes coulent le long de ses joues blanches.
Elle retourne vers sa blanche maison,
Et de sa gorge blanche elle criait :
« Quel sort te suit, hélas ! ô malheureuse !
« Si malheureuse, hélas ! que si je touche
« Un pin tout vert, le pin vert se dessèche. »

IV

MARKO. — LES HEIDOUQUES.

Si je ne m'étais laissé entraîner par le charme de
la poésie à parler si longuement de Kossovo, j'exposerais avec quelque détail deux autres cycles, qui,
sans atteindre la même hauteur, font connaître sous
des faces différentes, et peut-être d'une manière plus
intime, la nation serbe. Ce sont le cycle de *Marco
Kralievitch* et celui des *Heidouques*.

Marko est un prince de famille régnante, comme
l'indique son nom de *Kralievitch*, c'est-à-dire fils de
roi Son père, le *roi* Voukachine, combattait et mourait à Kossovo.

Voukachine est couvert de blessures ; il tombe.
Les chevaux turcs piétinent son corps.
Toute la belle troupe périt avec ses braves chefs.

Marko était alors adulte ; mais il ne figure pas lui-même dans la lutte suprême. Peut-être avait-il déjà tourné bride, car il s'engagea pendant quelque temps au service des Turcs. Il représente le Serbe dérouté par la conquête, le Serbe qui se fait condottier, comme on en a vu depuis lors jusqu'à nos jours.

Marko a conservé le sentiment du bien et du droit ; il court les aventures à la manière des chevaliers errants ; il s'est institué redresseur de torts, mais à son idée, à son heure et pour son propre compte, sans que cette action bienfaisante se rattache directement à la religion chrétienne et à la patrie chancelante ou tombée. Ses procédés d'ailleurs ne sont pas toujours chevaleresques ; on voit qu'il n'appartient pas aux mêmes races que Roland et le Cid. La figure de Marko est extrêmement vivante et réelle : elle jouit d'une popularité sans bornes, parce qu'elle représente très-nettement un état d'esprit où la nation serbe s'est arrêtée pendant longtemps et où son imagination n'a pas cessé de se complaire.

Les *heidouques* sont les klephtes de la Serbie. Ce que les klephtes ont été en Grèce, les heidouques l'ont été dans l'ancien empire de Douchan, mais avec plus de bonhomie et de gaieté ; ils sont moins *poseurs*. Le siége principal de leurs exploits est la forêt (*planina*) Romania, située auprès de Serajevo en Bosnie. Le chrétien victime d'une injustice, ou menacé par les Turcs, celui dont la fiancée a été enlevée et qui a tué le ravisseur, celui qui a eu la chance de mettre la

main sur la bourse bien garnie d'un pacha ou de lui
prendre sa cadine (femme), se réfugie dans la forêt
boisée et impénétrable. Il y restera en état de guerre
contre la société, où il n'a pu vivre avec honneur,
sécurité ou profit; il est devenu *outlaw*, mais il fait
une guerre courtoise et chevaleresque.

Impitoyable contre l'ennemi musulman, avide de
ses richesses, l'heidouque est courtois avec les dames;
il est généreux et charitable; il intervient encore
plus souvent pour protéger le faible que pour dé-
pouiller le riche. C'est notre brigand d'opéra-comique,
ennobli par le mobile religieux et patriotique. Toute
la population chrétienne, dont il est à la fois la poésie
vivante et la protestation ininterrompue, l'aime, le
respecte, l'admire, et conspire avec lui pour faire des
tours sanglants ou comiques aux oppresseurs musulmans. L'heidouque chante et joue; il danse, il bataille,
il boit; il se marie avec une honnête fille. C'est un
personnage qui s'amuse beaucoup et qui amuse
encore plus les autres. S'il n'y avait pas eu les
heidouques dans la montagne pour protéger et pour
distraire, toute cette population périssait sous l'oppression ou serait morte d'ennui. Avec les heidouques
il y avait encore l'espérance et le rire : il n'en faut
pas davantage.

Comme le klephte grec, l'heidouque serbe a traversé librement et gaiement toute la longue, la longue
période qui s'est écoulée depuis la conquête jusqu'au
jour où, s'élançant de sa *planina*, il a apporté au mou-

vement libérateur de ce siècle son élément le plus énergique. Qu'était-ce pour l'heidouque que faire la guerre contre le Turc? Rien que continuer la brillante *guerilla* qui avait commencé avec la conquête, cette lutte où il avait dépensé tous les jours tant d'audace et tant d'esprit, cette lutte dont les magiques récits, pendant la veillée dans les chaumières, faisaient depuis tant de générations étinceler l'œil des garçons et palpiter le cœur des jeunes filles.

Mais les histoires et les aventures serbes ne constituent pas à elles seules tout l'intérêt poétique et historique du pays. L'Europe occidentale y a fait des apparitions éblouissantes. Belgrade, cette citadelle avancée entre deux mondes, n'évoque-t-elle pas le souvenir de saint Jean Capistran et celui d'Eugène de Savoie?

V

SAINT JEAN CAPISTRAN.

Une ville doit généralement sa célébrité ou à une situation exceptionnelle, ou à quelque grand événement qui s'y est accompli, ou à un monument hors ligne : *Grenade à l'Alhambra!* a dit Victor Hugo, Belgrade a sa forteresse, admirablement située sur une élévation qui commande le confluent du Danube et de la Save, là où finissent les steppes immenses de la

Hongrie, à peu de distance des *Rapides* et des *Portes de fer*, qui rendent la navigation du Danube quelquefois imposs ble et toujours très-difficile. Les faits mémorables et émouvants de l'histoire de Belgrade devaient naturellement être des siéges.

Après la destruction de l'empire serbe, Belgrade était restée aux mains des Hongrois. Amurat II essaya de s'en emparer en 1439, mais il fut repoussé par Huniade. Le 28 mai 1453, Constantinople tombait au pouvoir des Turcs. Trois années après, le 13 juin 1456, Mahomet le Conquérant paraissait devant Belgrade à la tête d'une armée de cent cinquante mille hommes, qui traînait après elle trois cents pièces de canon et sept mortiers pour lancer des boulets de pierre. Cette artillerie formidable canonna la place de jour et de nuit, pendant qu'une flotte de deux cents vaisseaux croisait sur le Danube pour empêcher qu'aucun secours pût être améné de la Hongrie.

Cependant le pape Calixte III, presque octogénaire, avait fait prêcher la croisade contre les Turcs. Soixante mille volontaires environ accourent se ranger sous les ordres du régent de Hongrie, le grand capitaine Huniade. Beaucoup de seigneurs avaient reçu la croix, mais peu avaient pris les armes ; il n'y avait que trois magnats dans cette armée. C'était un ramassis de bourgeois, de paysans, de moines, d'étudiants mal équipés, armés de frondes, de pieux, de sabres ; mais un souffle supérieur anima cette masse confuse, qui, aux yeux du monde, paraissait con-

damnée d'avance à l'impuissance et à la destruction :
un saint s'était rencontré.

Jean Capistran était né en 1385, de parents français ;
il vécut jusqu'à l'âge de soixante et onze ans. Il a été
contemporain de l'hérésie de Jean Huss, de la mission
de Jeanne d'Arc, du concile de Florence, de la prise
de Constantinople. Au milieu de tant d'événements
extraordinaires, il est resté l'une des plus grandes
figures du xvᵉ siècle. Nous ne sommes plus, d'ailleurs,
à l'époque des légendes : les faits merveilleux du
xvᵉ siècle présentent ce caractère particulier que l'in-
crédulité ne réussit pas à les rendre suspects, tant sont
irrécusables les monuments historiques où ils sont
consignés. La vie de saint Jean Capistran, en particulier, a été écrite par trois religieux franciscains,
qui avaient été ses compagnons de voyage, et par le
célèbre Æneas Sylvius, qui fut pape sous le nom de
Pie II. Sa vocation et ses actes montrent clairement
qu'il a été un instrument choisi par Dieu pour réveiller la chrétienté et arrêter l'invasion des Turcs.

Une vision qu'il eut de saint François d'Assise dé-
termina son entrée dans l'Ordre Séraphique. Il s'atta-
cha à la Stricte-Observance, qui avait été instituée de
son temps par saint Bernardin de Sienne. Les Papes
l'employèrent à des missions, car il refusa d'être
évêque et même patriarche d'Aquilée. Il avait le don
de prophétie ; il guérissait les malades ; il ressuscita
des morts. Il parcourut l'Europe en prêchant ; il
s'exprimait en latin, et un prêtre traduisait ses pa-

roles dans la langue du pays. Comme les églises ne pouvaient contenir la foule qui se pressait pour l'entendre, il parlait le plus souvent sur la place publique ou même dans les champs. Le peuple contemplait surtout sa personne inspirée, et la vue du saint causait encore plus d'émotion que ses discours.

Partout où il prêchait, cette émotion était si grande que des femmes apportaient leurs parures, leurs vêtements les plus précieux, et les jetaient dans des feux allumés sur la place publique. Les cartes, les dés, les échecs, les mauvais livres étaient brûlés sans rémission.

En arrivant à Bude, l'homme de Dieu avait senti le danger qui menaçait la chrétienté ; il s'était mis à parcourir les bourgs et les campagnes, armant les travailleurs et les paysans. C'est grâce à son zèle qu'on avait pu réunir soixante mille hommes, mais mal armés et mal organisés, les seuls cependant dont Huniade pouvait disposer pour arrêter une armée turque deux fois plus nombreuse, bien aguerrie, bien disciplinée, pourvue de tout, et encore enivrée par la prise de Constantinople.

Huniade attaqua d'abord la flotte de Mahomet II, et la défit complétement le 14 juillet 1456. Pendant tout le temps de la lutte, le saint se tenait sur le bord du fleuve, et, agitant sa bannière, criait à haute voix : *Jésus! Jésus! Victoire!* Les croisés entrèrent dans la place.

Le 21 juillet au matin, les janissaires donnent à

la ville un assaut furieux ; ils enlèvent la première enceinte. Huniade déclare à Capistran qu'il n'y a plus aucun espoir. « Ne craignez rien, répondit le saint, ils « ne prendront ni la ville ni la forteresse : Dieu mon- « trera son bras tout-puissant. En attendant, je vais « donner des armes à mes troupes. » Ces armes étaient la Pénitence et l'Eucharistie. Comme il y avait beau- coup de prêtres parmi les croisés, toute l'armée se confessa et communia. « Notre armure principale, « disait-il sans cesse, c'est le nom de *Jésus*. »

Cependant les Turcs, après avoir franchi la première enceinte, s'étaient répandus dans la ville et se ruaient avec confiance contre la seconde enceinte, où Huniade avait pu faire pénétrer quelques renforts. Déjà ils cherchaient à gravir les murs ; mais ils furent reçus par une pluie de fagots imprégnés de soufre et inflam- més. Bientôt, assaillis de tous côtés par des troupes fraîches et animées, ils sont repoussés jusqu'aux fossés et regagnent leur camp en désordre.

Belgrade avait échappé à ce formidable assaut ; mais elle n'était pas dégagée. Capistran voulait que toute la masse chrétienne traversât la Save pour enlever l'ar- tillerie de siége. Le sage capitaine Huniade s'opposait de toutes ses forces à cette entreprise téméraire ; mais les croisés, ayant appris que telle était la pensée de Capistran, commencèrent à passer la rivière. Le saint marchait à leur tête avec deux autres Franciscains ; ils assaillirent les batteries turques en criant : *Jésus ! Jésus !* Ils étaient à peine quelques milliers d'hommes.

car le gros n'avait pas eu le temps de traverser la
Save. Les Turcs, frappés de terreur à leur aspect,
abandonnent leurs pièces et se réfugient dans leur
camp, que les chrétiens envahissent. Une lutte acharnée s'engage. Mahomet II combattait de sa personne :
d'un coup de sabre il fendit la tête d'un chrétien ; il
fut blessé lui-même à la cuisse. L'arrivée d'un renfort
turc força les chrétiens à laisser le camp ennemi ;
mais la ville fut sauvée par tant d'héroïsme. Mahomet
se retira en désordre, abandonnant aux croisés ses
deux cents pièces d'artillerie. Vingt-quatre mille
Turcs avaient trouvé la mort sous les remparts de
Belgrade.

En mémoire de cette délivrance, le pape Calixte III
fixa la fête de la Transfiguration de Notre-Seigneur au
6 août, jour où Jean Capistran avait combattu si héroï-
quement à l'âge de soixante et onze ans. Le grand
Huniade mourut de ses blessures vingt jours après la
levée du siége. Saint Jean Capistran ne survécut que
deux mois; il succomba à ses fatigues après une doulou-
reuse maladie. Au moment de sa mort, il était cou-
ché sur la terre et avait la tête appuyée sur la poitrine
de l'un des deux Franciscains qui avaient marché avec
lui contre les Turcs de l'autre côté de la Save.

FUIT HOMO MISSUS A DEO CUI NOMEN ERAT
JOANNES.

VI

LA FÊTE DU ROSAIRE.

Sultan Soliman le Magnifique prit Rhodes aux chevaliers de Saint-Jean de Jérusalem et la forteresse de Belgrade aux Hongrois. Son long règne marque le point culminant de la conquête ottomane.

Les progrès de l'invasion avaient été favorisés par l'effroyable désordre que le protestantisme apporta en Europe dans toutes les situations, et encore plus dans les esprits. Il fallait pourtant finir par opposer une barrière à ce torrent dévastateur, qui menaçait d'engloutir toute l'Europe.

L'impulsion ne vint ni de l'Allemagne, troublée par les guerres de religion, ni de la France, qui oubliait ses traditions pour se livrer aux calculs d'une politique tout humaine. On vit... mais il nous serait trop pénible de rappeler ce qu'on vit alors. L'élan vint de Rome.

A la nouvelle de la prise de Tunis et de l'île de Chypre, saint Pie V prêcha une croisade contre les infidèles. Il réussit à former une de ces *ligues saintes* dans lesquelles la république de Venise était toujours prête à entrer.

Le 7 octobre 1571, le pape s'entretenait au Vatican avec plusieurs prélats, lorsque soudain il se lève,

ouvre lui-même une fenêtre et reste quelque temps
plongé dans une profonde contemplation... Enfin, tout
rayonnant de joie, il s'écrie qu'il faut rendre grâces à
Dieu de la victoire des croisés. Le même jour, à la
même heure, la flotte chrétienne détruisait à Lépante
la puissance maritime des Turcs. C'en était fait de la
domination du croissant sur la Méditerranée.

En souvenir de cette mémorable victoire, remportée
par l'intercession de la sainte Vierge, Pie V voulut
que l'Eglise rendît de perpétuelles actions de grâces à
Notre-Dame de la Victoire. A cet effet, le pape Grégoire XIII institua et fixa au *premier dimanche d'octobre* une fête spéciale de la sainte Vierge, laquelle devait être célébrée dans toutes les églises où il y avait
un autel *du Rosaire.*

La lutte contre les Turcs continuait sur terre. Les
Polonais, les Vénitiens, les Hongrois, les Croates
étaient, on peut le dire, en état de croisade perpétuelle. Afin d'unir leurs forces contre les infidèles
sous une bannière puissante et respectée, les Hongrois
et les Croates s'étaient rangés volontairement sous le
sceptre de la maison d'Autriche-Hapsbourg.

Le 4 août 1716, le prince Eugène de Savoie, au service d'Autriche, remporta à Peterwardein, en amont
du confluent du Danube avec la Save, une éclatante
victoire. C'était le jour où l'on célèbre la fête de la
Dédicace de Notre-Dame des Neiges, et au moment
même où, à Rome, les confrères du Rosaire, au milieu
d'un concours immense de peuple, adressaient de fer-

ventes prières à Dieu et imploraient humblement l'intervention de la sainte Vierge en faveur des chrétiens.

Pour perpétuer le souvenir de la victoire de Peterwardein et de la levée du siége de Corfou, le pape ordonna que la fête du Rosaire fut dorénavant célébrée, non plus dans quelques églises seulement, mais dans tout l'univers, chaque premier dimanche d'octobre.

VII

PRINCE EUGÈNE, LE NOBLE CHEVALIER!

Au mois de juillet 1717, Eugène de Savoie vint mettre le siége devant la ville qui était devenue le boulevard de l'islamisme, devant Belgrade. C'était là une entreprise à réveiller ce qu'il y avait encore en Europe d'esprit chrétien et chevaleresque.

Reconquérir la ville que les Turcs avaient appelée *la maison de la guerre sainte,* voilà une perspective à ranimer l'esprit des croisades et le goût des aventures pieuses chez les descendants des héros qui avaient si glorieusement combattu à Nicopolis, au siége de Candie, à la bataille de Saint-Gothard. La politique tortueuse et machiavélique qui avait prévalu dans les conseils souverains depuis François Ier et le cardinal de Richelieu, n'avait pas éteint tout sentiment de religion et d'honneur dans la nation de saint Louis et de Jeanne d'Arc. On parla d'honneur en 1717 : il y eut de l'écho en France (et il y en aurait encore). Les princes de Dombes, de Marcillac et de Pons, le marquis d'Alincourt, fils du maréchal de Villeroy, le comte d'Estrade, le comte de Charolais accoururent; ils donnèrent un éclat extérieur et le caractère catholique d'une croisade à l'expédition autrichienne. (Vous pensez bien que cette brillante noblesse n'était pas venue toute seule; bien des Français obscurs combattaient sous ses ordres.) Pour comprendre, d'ailleurs, ce mouvement-là, nous n'avons qu'à nous rappeler la formation des zouaves pontificaux.

Comme dans tout grand mouvement, il y a de l'homme, c'est-à-dire un petit côté, il faut bien dire que la mauvaise volonté de la Cour et du Gouvernement contribua à pousser la noblesse française à la défense de la chrétienté, sous le drapeau de la maison d'Autriche. Si nous sommes aujourd'hui toujours prêts à entrer dans l'opposition, ce n'est donc pas parce qu'on nous a tous changés en nourrice : il y a là une vieille habitude; mais la forme varie : au xviie siècle, quand les Français voulaient faire de l'opposition contre la Cour, ils allaient se faire casser la tête pour le bon Dieu.

Nous avons laissé Eugène de Savoie investissant Belgrade avec ses auxiliaires français : il y avait, en plus grand nombre, des Allemands, qui marchaient là côte à côte avec les Français sous le drapeau de la religion, comme aujourd'hui ils vont à Lourdes. La forteresse était défendue par trente mille Turcs, et l'on savait d'une manière positive que l'armée du grand-vizir marchait à son secours. Il s'agissait de prendre entre les deux feux une position assurée pour la retraite comme pour les communications, suffisamment menaçante contre la forteresse, et garantie contre une attaque combinée de l'armée de secours et de l'armée assiégée.

La Save débouche à peu près perpendiculairement au cours du Danube. La forteresse de Belgrade occupe l'angle droit d'un triangle, dont l'un des côtés longe la Save et l'autre le Danube : l'hypoténuse, ou côté opposé à l'angle droit, regarde la Serbie, par où arrivait le secours du grand-vizir. Toute la rive gauche du Danube appartenait aux impériaux, comme la rive gauche de la Save.

Le prince Eugène investit la place du côté de l'hypoténuse à une distance convenable. (il est bien compris que la ligne de la forteresse n'était pas droite, non plus que celle de l'investissement. Je me sers de ces expressions géométriques seulement pour marquer la position.) Il creusa immédiatement du côté de la place un fossé avec des retranchements pour se défendre contre une sortie des assiégés. Puis, parallèlement à la ligne d'investissement qui allait du Danube à la Save, il creusa un nouveau fossé allant également du fleuve à la rivière. Son camp était établi entre ces deux défenses : la Save le gardait sur la face occidentale, et le Danube sur la septentrionale. Eugène prévit cependant qu'en cas d'une attaque victorieuse de la part des assiégés ou de l'armée de secours, il serait pris dans son camp retranché ainsi que dans une souricière. Comme il était de ces hommes *qui ne laissent rien à la fortune de ce qu'ils peuvent lui ôter par conseil et par prévoyance*, il établit un pont de bateaux sur le Danube et un autre sur la Save : les têtes de ces deux ponts étaient attachées à son camp entre les deux fossés, de manière que ses communications étaient assurées des deux côtés pour le ravitaillement et les vivres, en même temps qu'il avait une double ligne de retraite en cas d'insuccès.

On peut se faire une idée de la position par le confluent de la Marne avec la Seine. Voulant prendre la ville de Charenton, on l'entourerait d'un fossé allant de la Marne à la Seine : on placerait son camp derrière ce fossé. Une autre ligne de défense plus longue serait établie de l'autre côté du camp, d'un cours d'eau à l'autre, pour le défendre contre l'attaque d'une armée de secours établie à Vincennes. Entre les deux fossés, un pont vis-à-vis Charentonneau, et un autre à Conflans, donneraient l'accès au camp et la facilité d'en sortir.

Le prince Eugène était établi devant Belgrade depuis trois semaines lorsque l'armée du grand-ivzir parut sur les hauteurs. Elle était composée de 80,000 janissaires, de 20,000 feudataires d'Europe ou d'Asie, de 20,000 spahis et volontaires, la plupart Bosniaques ou Herzégoviniens musulmans, et de 30,000 Tartares ; ce qui, avec l'armée de Belgrade,

donnait un effectif de 180,000 hommes de troupes
fraîches, tandis que l'armée chrétienne, qui comptait
primitivement 80,000 hommes, avait été considéra-
blement réduite par les fatigues du siége et par les
maladies.

Le grand-vizir avait aussi établi un camp fortifié.
Pendant deux semaines, les camps ennemis se canon-
nèrent sans résultat. Eugène espérait que le manque
de fourrages forcerait à la retraite le grand-vizir, qui,
de son côté, ne pouvait pas croire que les chrétiens
restassent longtemps entre deux feux avec une
armée aussi disproportionnée. Enfin Eugène, redou-
tant une attaque simultanée de deux côtés par des
forces si supérieures aux siennes, prit le parti le plus
hardi autant que le plus sage, celui d'attaquer lui-
même la plus redoutable des deux armées qui, en
réalité, l'assiégeaient dans son camp.

Dans toute cette guerre et dans bien d'autres, il n'y
eut pas d'action aussi brillante que celle du 16 août.
Les chrétiens combattirent avec héroïsme. A l'aile
gauche les Bavarois, appuyés par le prince Alexandre
de Wurtemberg, enlevèrent une batterie de dix-huit
canons qui fut aussitôt tournée contre les Turcs. Ce
coup d'éclat entraîna la défaite de l'aile droite : ce
fut bientôt une déroute générale, dans laquelle
10,000 Turcs furent tués. Les vainqueurs conquirent
10,000 prisonniers. 130 canons de bronze, 35 mortiers, 20,000 boulets, 30,000 grenades, 600 tonneaux
de poudre, 51 bannières ordinaires, 9 queues de

cheval, la grande timbale des spahis, etc. Les chrétiens perdirent environ 2,000 hommes, Eugène de Savoie avait été blessé.

Deux jours après cette grande victoire, la forteresse capitulait. La garnison sortit enseignes déployées et tambour battant. Six cent cinquante canons restèrent au vainqueur.

Les exploits d'Eugène de Savoie amenèrent la conclusion d'une paix glorieuse. L'Autriche acquérait toute la Serbie et la petite Valachie.

Le fait d'armes de Belgrade est resté le plus populaire dans l'Europe orientale. Qui ne connaît là chanson de l'armée autrichienne :

Prince Eugène, le noble chevalier,
Voulut reconquérir pour l'Empereur
La ville et la forteresse de Belgrade.
Il fit installer un pont
Afin qu'on pût traverser
Avec l'armée pour joindre la ville.

Prince Eugène sur la droite
Combattait, en vrai lion,
Comme général et feld-maréchal.
Le prince Louis chevauchait :
« Tenez ferme, braves, vous frères allemands,
« Attaquez l'ennemi avec cœur. »

Prince Louis, qui devait rendre
Son âme et sa jeune vie,
Fut atteint par le plomb.

Prince Eugène en fut très-affligé,
Parce qu'il l'aimait tant !
Il le fit porter à Petervardein.

La conquête de la Serbie par l'Autriche fut éphé-
mère. La forteresse de Belgrade était retombée au pouvoir des Turcs, régularisée et agrandie, lorsque Tserni-
Georges, au commencement de ce siècle, appela les
Serbes à la délivrance.

VIII

LES FORTERESSES

La forteresse de Belgrade et les autres forteresses du
pays restèrent entre les mains des Turcs, même lorsque
le pays fut émancipé en 1830. Dans l'intérieur de la
ville de Belgrade, c'est-à-dire en dehors des fortifications, la garnison turque occupait quatre corps de
garde placés aux portes d'une vieille enceinte démolie
ou comblée. En outre, un certain nombre de familles
musulmanes habitaient, sous la juridiction turque, un
quartier voisin de la forteresse. Cette juxta-position, ou
plutôt cet enchevêtrement donnait lieu fréquemment à
des rixes isolées qui menaçaient à chaque instant d'al-
lumer une conflagration. C'est ce qui arriva en 1862.

Le 16 juin, à six heures du soir, un jeune Serbe qui

puisait de l'eau à une fontaine fut tué par un sergent turc. Un gendarme et un drogman de la police serbe, accourus au secours de leur compatriote, furent accueillis par une fusillade du piquet de garde à la police turque ; le drogman fut tué. Alors commença un soulèvement spontané. La foule serbe se précipita sur les corps de garde occupés par les Turcs, en enleva deux et se mit à tirailler avec les autres. Le ministre Elie Garachanine s'était jeté entre les assaillants et était parvenu à les calmer. Il décida même les soldats turcs à se retirer des corps de garde isolés et leur donna quelques soldats serbes commandés par un officier pour les escorter. Malheureusement on tira sur cette escorte, et l'officier fut tué. A partir de ce moment, la confusion fut au comble.

La nuit se passa en pourparlers entre le gouverneur turc de la forteresse, les ministres serbes et les consuls ; on convint que l'autorité ottomane retirerait ses soldats des corps de garde isolés ; de son côté, E. Garachanine se rendait responsable de la sécurité de ces soldats du Sultan jusqu'à leur entrée dans la forteresse, et il s'engageait à faire respecter les personnes et les propriétés des habitants turcs.

Le lendemain, l'autorité serbe avait fait rouvrir les boutiques ; on s'occupait de faire exécuter les arrangements conclus pendant la nuit, lorsque la forteresse commença inopinément contre la ville même un furieux bombardement.

La nouvelle de cette brutalité causa en Europe une

émotion générale. La Porte s'empressa de faire cesser le bombardement, et le commandant de la forteresse fut changé. Le gouvernement turc promit aussi de ne plus recommencer. Il consentit à abandonner les quatre corps de garde dans la ville et à éloigner la population musulmane qui habitait en dehors des forteresses, moyennant une indemnité à faire payer... par la Serbie; mais les victimes du bombardement seraient indemnisées par la Porte. Des dispositions furent prises..... sur le papier, pour que les batteries de la forteresse fussent moins menaçantes envers la ville. Enfin la Turquie lâchait les deux petits fortins insignifiants de Sokol et d'Oujitza; elle conservait les citadelles de Belgrade, de Chabatz, de Semendria et de Feth Islam, comme indispensables au système général de défense de l'empire. Cet arrangement avait été, à Constant'nople, l'objet d'une négociation européenne, dans laquelle la France et la Russie appuyèrent les Serbes, tandis que l'Angleterre et l'Autriche leur firent une opposition acharnée.

Les choses ne pouvaient rester là pendant bien longtemps. Le malencontreux bombardement de 1862 était la condamnation de l'occupation de Belgrade par les Turcs. La confiance réciproque ne pouvait plus renaître.

Le prince qui régnait alors en Serbie s'appliqua à profiter de cette situation.

Michel Obrenovitch III, second fils du vieux libérateur Milosch, n'avait ni les talents natifs, ni l'énergie indomptée et un peu sauvage de son père; il n'en joua pas moins un très-grand rôle dans l'histoire de son pays, où il a laissé des souvenirs que je trouvai encore tout frais. Au commencement de son second règne, il avait caressé les rêves les plus grandioses : il projetait de devenir le roi de la Serbie, de la Bosnie, de la Herzégovine, du Monténégro et même de la Bulgarie ; il faisait de la Principauté un Piémont.

On prétend à Belgrade que le gouvernement russe, tout en cherchant parfois à engager la Serbie dans une action contre l'empire ottoman, n'approuvait pas ces vastes conceptions. Michel éprouvait du dépit de ce que ses vues n'étaient pas secondées, en même temps que son orgueil se révoltait à l'idée d'être l'instrument, peut-être le jouet de combinaisons étrangères. Si la Serbie devait se lancer dans une grande aventure, le prince voulait que ce fût à son heure, et non à celle d'un autre. Sous ces impressions, il avait pris le parti de se rapprocher de l'Autriche et de la Turquie, mais sans rompre avec la Russie.

Il se préparait en même temps à toutes les éventualités. A cet effet, il résolut d'armer le pays et de se rapprocher de la société qu'on appelle *Omladina*.

L'armement et l'organisation de la milice soulevèrent en Europe une véritable tempête. La Turquie refusa de laisser passer les armes sur son territoire ; mais la Russie en tira de ses arsenaux et les fit arriver à Belgrade par le territoire de la Roumanie, avec l'accord tacite du prince Couza.

L'Omladina, c'est-à-dire la *Jeunesse*, est une société
qui s'est formée entre les Serbes de l'Autriche et ceux
de la Serbie ; elle est littéraire, et encore plus politique.
Son but est ce qu'on appelle la *Grande Serbie*, c'est-à-
dire l'affranchissement complet et l'union de tous les
Serbes divisés entre les deux empires. L'alliance avec
l'*Omladina* ajoutait à la force que l'armement avait
donnée au prince.

Ainsi préparé, et ceci se passait vers la fin de 1866,
après la bataille de Sadova, Michel eut l'habileté de
faire croire à l'Europe que, si les forteresses encore
occupées par les Turcs ne lui étaient pas rendues, la
Serbie en masse allait se ruer sur l'empire ottoman,
rouvrir la question orientale, troubler la paix du
monde, ébranler l'ordre social tout entier sur ses
fragiles fondements, etc., etc. (Il paraît que rouvrir la
question d'Orient est un épouvantail à faire passer les
plus gros diplomates par le trou d'une aiguille.) Beaucoup de Serbes m'ont assuré que personne n'aurait
bougé ; c'est possible, mais la manœuvre réussit complétement, et, le 3 mars 1867, le grand-vizir annon-
çait solennellement que les vœux des Serbes étaient
exaucés ; le sultan allait leur remettre les forteresses,
à la seule condition que le drapeau ottoman continue-
rait à flotter sur celle de Belgrade, mais à côté du
drapeau serbe.

Il faut dire que toutes les puissances européennes
avaient conseillé cette solution à la Porte. L'Autriche
n'avait pas seulement abandonné son opposition

contre les Serbes, elle s'était cette fois montrée ardente en leur faveur; l'Angleterre était devenue inerte.

Le prince Michel se rendit à Constantinople pour remercier le sultan; il y fut reçu avec beaucoup de distinction; mais sa rentrée à Belgrade fut un véritable triomphe; les canons turcs et serbes tonnaient à l'envi; les Serbes poussaient des cris d'enthousiasme. Enfin, le 8 avril 1867, le pavillon chrétien fut arboré de nouveau sur cette insigne forteresse que saint Jean Capistran avait défendue et que le prince Eugène avait conquise sur le Croissant.

Après avoir obtenu ce grand succès, le prince Michel paraît avoir marché encore plus résolûment dans la voie d'une politique indépendante, c'est-à-dire tout à fait serbe, mais en respectant l'espèce d'engagement moral où la concession des forteresses le plaçait vis-à-vis la Turquie. Il renvoya un ministère qui, depuis l'affaire des armes, ne voyait le salut de la Serbie que dans des rapports intimes avec les agents russes, et il rompit avec l'*Omladina* à l'occasion d'une légion que les Bulgares voulaient organiser en Serbie. La brouille alla très-loin: les *Omladinistes* disaient que, Michel ayant renoncé à toute alliance avec la Grèce, la Roumanie et le Monténégro pour devenir le fidèle serviteur de l'Autriche, *il finirait mal*. On ne croyait pas, sans doute, prophétiser si juste.

Il est permis de supposer que le prince avait alors renoncé aux gigantesques projets qu'il nourrissait

à son avénement. Il était probablement sincère lorsqu'il disait au vieux consul anglais Longworth,
le dernier paladin de l'empire ottoman, que
l'armée serbe pourrait servir à défendre la Turquie
elle-même. En tout cas, on eut tort de le harceler
comme on l'a fait, à propos des armements, par de
bruyantes manifestations, et même par des menaces,
qui ont froissé l'amour-propre des Serbes et refroidi
des sympathies acquises en d'autres temps par de
réels services; mais il y avait alors dans l'Occident,
en faveur de la Turquie, de la Hongrie et des Juifs,
une agitation fébrile qui n'a rien produit de bon, ni en
Serbie ni ailleurs.

Je rapporte ici les impressions que j'ai rencontrées,
mais je ne suis pas capable de les contrôler. Dans ces
appréciations, il y a des choses difficiles à comprendre
ou à concilier; c'est un mélange de tortueux et de
contradictoire, où un esprit ordinaire a de la peine à se
retrouver; mais les malins prétendent que lorsqu'on
ne comprend plus, c'est le signe manifeste qu'on est
dans le vrai. Je le veux bien.

L'affaire des forteresses n'est pas tout à fait terminée.
Les Serbes réclament le petit Zvornik, une espèce
de village fortifié, encore occupé et gouverné par les
Turcs. Ceux-ci prétendent que ce point leur appartient
parce qu'il n'a pas été énuméré parmi ceux qu'ils ont
dû évacuer. Les Serbes soutiennent que les Turcs
l'occupent à tort, parce que le petit Zvornik n'a jamais
été énuméré parmi les points que la Porte avait le

droit d'occuper. — C'est ce qu'on appelle *un point noir*.

IX

VUE PRISE DE BELGRADE.

A Belgrade j'avais fait la connaissance d'un Anglais, sir John White, qui se rendait comme moi à Odessa, et d'un jeune Polonais qui habite depuis quelque temps la Turquie d'Europe; ai-je besoin d'ajouter que ce dernier est ingénieur civil et militaire? Nous nous promenions chaque jour ensemble pour étudier le pays La ville même de Belgrade n'offre pas beaucoup d'intérêt, une fois qu'on a vu le palais de l'Académie, qui est un don du major Micha Atanasievitch, et le théâtre où se jouent des pièces serbes par patriotisme. On sent du reste que la ville est en progrès! des rues ont été tracées; il s'y élève des constructions nouvelles et soignées; des plantations y ont été faites.

Les trois promeneurs étaient surtout attirés sur les hauteurs qui avoisinent la ville, parmi lesquelles se trouve le Vratchar, où les assemblées nationales se sont souvent réunies en plein air. De ces différentes collines la vue est admirable et pleine d'émotion, lorsque l'imagination y évoque le souvenir des faits mémorables qui s'y sont accomplis.

L'œil suit longtemps le cours du Danube, qui borde

au sud les immenses plaines du Banat. A l'ouest, entre
la Save et le Danube, voici cette pointe de la Syrmie
où s'élevait jadis la grande ville de Syrmium, l'un des
foyers de la domination romaine. Là même, les Avares
avaient établi l'un de ces mystérieux *Rings*, d'où ils
faisaient peser sur les Slaves un joug de plomb, et où
ils entassèrent le produit des déprédations commises
dans tout l'Empire, jusqu'au jour où le fils de Charlemagne y vint porter le fer et le feu. Je cherchais avec
émotion sur la Save l'endroit que saint Jean Capistran
avait traversé au jour où, le crucifix à la main et le
nom de Jésus à la bouche, l'héroïque enfant de saint
François porta la terreur dans l'armée de Mahomet le
Conquérant. A ce moment, et par un temps pur, le soleil se couchait précisément sur l'axe du cours de la
Save, qui apparaissait comme un long ruban de feu en
avant des montagnes lointaines de la Bosnie. L'ingénieur nous montrait le long boyau demi-circulaire
dans lequel le prince Eugène de Savoie avait établi
son camp entre deux retranchements allant de la Save
au Danube, et dont on suit encore la trace. C'est sur
les dernières collines qui s'élèvent là-bas au sud,
qu'avait apparu l'armée du grand-vizir avec sa bril_
lante cavalerie féodale, une troupe comme on n'en
reverra plus jamais dans l'empire modernisé des Os-
manlis. Comment ne pas évoquer aussi Tserni Georges,
le premier libérateur de la Serbie, qui avait réussi à
chasser les Turcs de la forteresse de Belgrade! Tserni
Georges avait le dos très-voûté; mais pendant le combat

il se relevait de toute sa stature. Il dominait alors de la tête tous les Serbes et exerçait sur ceux qui pouvaient apercevoir son air chevaleresque un entraînement irrésistible.

Un jour, notre Anglais avait étalé sur une grosse pierre la carte qui ne le quittait pas plus que le Guide Murray, relié de rouge. Il computait avec soin les distances entre Belgrade et la mer Adriatique, qu'il voulait unir par un chemin de fer aboutissant à Zara, ou à Sebenico, ou à Klek, pour éviter le passage par l'Allemagne et l'Autriche. Il demandait des explications topographiques au Polonais, qui paraissait avoir étudié avec soin toute la contrée. Sir John s'arrêta longtemps dans une muette contemplation devant l'horizon illimité de l'Esclavonie et du Banat. « Ah! mes amis, s'écria-t-il enfin avec enthousiasme, « donnez-nous un accès à la mer, et nous inondons « tout ce pays de petits couteaux! »

C'est ainsi que, dans un commerce cordial, nous échangions souvent nos impressions avec un abandon et une simplicité qui faisaient le charme de ces expansions. La vue des environs de Topchi-Déré (la vallée des artilleurs, en turc) nous rappelait un souvenir lugubre.

Le 10 juin 1868, le prince Michel se promenait dans un parc, auprès de Topchi-Déré; il était accompagné de sa cousine germaine, Mme Anka Constantinovitch, ainsi que de la mère et de la fille de cette dame. Quatre hommes apparaissent dans une allée étroite ; ils saluent et se rangent. Au même instant, l'un d'eux tire un coup de pistolet ; le prince tombe sur les genoux ; un autre lui hache le corps avec un yatagan. Cependant Mme Anka s'est précipitée sur le premier assassin, l'a saisi par les cheveux et reçoit de lui un coup de revolver qui l'atteint à la tête et l'abat roide morte. Mlle Constantinovich et l'aide de camp sont aussi blessés, et les assassins échappent. Le prince Michel ne donnait plus signe de vie.

Cependant le vieil Elie Garachanine, qui se trouvait par hasard à Topchi-Déré, accourt à Belgrade. Les premières mesures de précaution sont prises sous son impulsion énergique et respectée ; la régence prévue par la constitution s'installe et proclame l'état de siége. L'ordre extérieur n'est nulle part troublé : la révolution, qu'on avait sans doute préparée, n'éclate pas ; mais les assassins sont arrêtés, et la police a beaucoup de peine à les soustraire à la fureur du peuple. L'instruction dévoile bientôt que les meurtriers sont des hommes tarés, qui avaient reçu de l'argent, ou des ambitieux effrénés et dévoyés ; un seul obéissait à un sentiment de vengeance personnelle.

Quels étaient les instigateurs du crime? Les soupçons se portèrent sur Alexandre Karageorgevitch, qui avait été prince de Serbie et qui habitait alors la Hongrie. On le jugea par contumace ; il fut condamné à vingt ans de travaux forcés, comme coupable d'avoir excité et soudoyé les assassins. La condamnation n'eut d'ailleurs aucune suite, et le prince Alexandre en fut quitte pour une simple arrestation. Il est mort depuis.

Il y a encore à Belgrade des gens qui ne croient pas au bien fondé de cette accusation. Dans le premier moment les soupçons s'égarèrent, du reste, de tous les côtés. Pour montrer jusqu'où peuvent aller la perversité et la niaiserie, je mentionnerai qu'un journal, dans un grand pays, a insinué « que les fauteurs du meurtre « pourraient bien être... LES JESUITES! » Je n'y voulais pas croire ; mais notre Anglais m'assura que c'était imprimé en toutes lettres dans le *Golos*.

Les meurtriers furent jugés publiquement devant une commission spéciale. Tous avouèrent, et quatorze furent condamnés à la peine de mort. Les imprécations du peuple les suivirent sur le lieu de l'exécution. Ces hommes montrèrent d'ailleurs une rare énergie ; leur sang-froid ne fut pas altéré un seul instant. En marchant au supplice, ils fumaient des cigarettes qui leur étaient roulées par les officiers d'escorte, et les derniers fumaient encore quand les premiers étaient déjà fusillés. Trois frères Radovanitch baisèrent la main de leur frère aîné avant d'être attachés au poteau.

Cette sanglante exécution ne parut pas aux Serbes une expiation trop forte du crime de Topchi-Déré.

Le prince Michel n'avait pas eu d'enfants de son mariage avec Julie, comtesse Huniade : il n'avait pas non plus usé de la faculté d'adoption. La régence convoqua une assemblée générale, que les Serbes appel-

lent *Skoupchtina* pour le 2 juillet 1868. C'était la fête
de la Visitation, et l'assemblée en prit le nom, suivant
l'usage : on désigne, en effet, toutes les assemblées
précédentes de la même manière : il y a la Skoupchtina
de Saint-André, celle de Saint-Pierre, celle de la
Transfiguration.

La Skoupchtina de la Visitation proclama comme
prince un cousin germain du défunt, Milan, le dernier survivant des Obrénovitch, alors âgé de quatorze
ans, et qui faisait son éducation à Paris. Il n'y eut pas
élection, mais constatation d'un fait d'hérédité :
Le Prince est mort; vive le Prince! L'investiture fut
demandée au sultan, qui l'accorda, en reconnaissant à
cette succession le caractère héréditaire.

Avant de se séparer l'Assemblée émit le vœu d'une
réforme constitutionnelle et administrative. Le pouvoir absolu exercé par le fondateur de la dynastie, et
laissé à peu près intact à son fils, avait été nécessaire
pour constituer la nation ; mais d'autres idées s'étaient
fait jour : la partie civilisée réclamait quelques droits,
et surtout des garanties. On dépassa le but en votant
toute une Constitution sur le modèle belge. Sir John
White me l'a longuement expliquée alors, et avec
beaucoup d'animation.

Avez-vous remarqué que les Anglais considèrent
toute Constitution, pour n'importe quel peuple, comme
leur chose ? Ils se croient la mission de passer sur la
terre en semant des Constitutions, sans se soucier
des besoins particuliers ou des cris du patient. Ils

parlent de toute Constitution avec une tendresse de père. Qui y porte atteinte leur fait une injure personnelle. J'écoutais les explications de mon Anglais avec beaucoup de déférence ; mais je n'en ai rien retenu qu'une seule disposition, qui m'a donné une haute idée de ce petit peuple, à savoir qu'en Serbie IL Y A INCOMPATIBILITÉ ENTRE LE MANDAT DE DÉPUTÉ ÉLU ET LA PROFESSION D'AVOCAT. Qu'on se le répète !

Comme nos affaires nous appelaient tous les deux à Odessa, je partis de Belgrade avec sir John. Pendant quelques excursions, nous nous étions reconnu les mêmes goûts. Tout nous était matière à instruction ou à divertissement : nous trouvions tout bien, et quand il arrivait que nous fussions tout à fait mal, chacun se consolait par l'idée ou qu'il avait plus souffert ailleurs, ou que les choses pourraient être pires. Sir John White a beaucoup de lecture et un goût passionné pour les souvenirs historiques. Quand nous étions arrêtés sur le lieu témoin de quelque grand événement, nous sortions en réalité de nous-mêmes, pour être transportés tout entiers dans le monde de la poésie ou de l'histoire par la puissance de la sympathie, sur les ailes d'une imagination en délire.

Les Anglais sont, en général, fort agréables à rencontrer en voyage : ils sont bien élevés, et, ce qui est surtout à apprécier en pareille occurrence, ils n'ont aucune prétention à vous en imposer par ceci ou par cela.

Nous nous séparâmes avec regret du jeune Polonais qui avait été notre fidèle compagnon en Serbie : il devait remonter la Save et entrer en Turquie pour étudier un projet de chemin de fer international. Le parcours et la jonction des deux lignes proposées jusqu'alors avaient présenté des difficultés et suscité même quelques orages ; il s'agissait d'imaginer un nouveau tracé qui reliât Constantinople à l'Europe, sans traverser aucune des provinces turques qui sont contiguës à des pays étrangers, et sans aboutir au territoire d'aucun des États limitrophes de l'empire ottoman ou tributaires de la Porte.

CHAPITRE VII

TYPES ET PROPOS DE VOYAGEURS

I

SUR LE BATEAU A VAPEUR

Nous étions montés à Belgrade sur le bateau à vapeur de la *Première-Impériale-Royale-Privilégiée-Danubienne-Société de navigation à vapeur*. Nous y trouvions un jeune professeur, originaire des provinces serbes incorporées à la Hongrie : il se rendait au mont Athos, pour rechercher des inscriptions tumulaires et des manuscrits relatifs à deux princes serbes, saint Siméon et saint Sava. La compagnie, à bord, était très-restreinte. Je remarquai un médecin valaque, un professeur de Debreczyn, un autre médecin, Bulgare de naissance, mais établi en Roumanie. A Baziasch, qui est le *terminus* d'un chemin de fer, nous vîmes monter un jeune magnat hongrois.

Pendant que le Serbe m'aidait à compléter de mémoire un croquis de la forteresse de Semendria, que j'avais saisie au passage, le nouveau venu s'approcha de notre groupe et adressa à sir John quelques paroles en anglais ; puis il continua la conversation en langue française avec la même facilité. Il avait le type caucasien, la taille élevée et mince, l'air dégagé et l'allure d'un homme rompu aux exercices du sport. Ses manières étaient aisées. La tenue, élégante et très-soignée, était dans le genre non pas négligé, mais familier, qui est le propre des gens du monde. Un serviteur hongrois, assez mal attifé dans une livrée de hussard civil, lui apportait continuellement des cigarettes toutes faites et du feu.

Il y avait entre ces deux compatriotes un contraste frappant. Tandis que le maître aurait pu passer pour un *sportsman* anglais, le hussard ne ressemblait à rien de ce qu'on rencontre en Occident. La tête était forte et toute ronde, les cheveux courts et hérissés, la face jaunâtre, les yeux petits et ronds, le corps trapu. Sir John White prétendit que l'un était le type du Hun blanc et l'autre du Hun noir. Le serviteur était plein d'empressement auprès de son maître, mais sans servilité. Il l'abordait avec la familiarité respectueuse d'un homme qui se sentirait quelque chose par lui-même. Ce service lui paraissait, d'ailleurs, naturel et inné, comme s'il n'avait pas fait autre chose depuis le temps d'Arpad. Le magnat traitait son serviteur avec la même familiarité, comme si la distance fût si grande que rien ne pût jamais la combler. Le serviteur nous rendait volontiers de petits services. Par le seul effet de notre présence dans la compagnie de son maître, il nous appartenait aussi, ou plutôt nous à lui.

Le magnat s'entretient familièrement avec sir John et avec moi comme avec le Serbe; mais ce dernier prétend que, si nous n'avions pas été là, le Hongrois n'aurait jamais daigné lui adresser la parole. Du reste, nos conversations à quatre étaient toujours superficielles. En dehors du sport et des incidents de voyage, le jeune élégant n'était pas très-communicatif, soit qu'il ne voulût pas nous faire part de toutes ses idées, soit qu'il n'en eût réellement pas beaucoup.

.   .   .   .

« Lorsqu'un étranger est introduit pour la première
« fois dans notre maison, nous parlons mieux que
« d'habitude. Nous avons l'imagination plus alerte,
« une mémoire plus riche; le démon de notre mu-
« tisme a pris congé pour le moment. Pendant de
« longues heures, nous pouvons continuer une série
« de communications sincères, gracieuses, opulentes
« tirées de notre expérience la plus reculée et la plus
« secrète, si bien que ceux de nos parents ou de nos
« connaissances qui y assistent éprouvent une vive
« surprise à nous voir cette puissance inaccoutumée. »

Le phénomène de sociabilité, signalé par l'Américain Emerson, se produit ordinairement lorsque des voyageurs se rencontrent dans certaines conditions de simplicité de cœur et de liberté d'esprit. C'est certainement l'un des charmes du voyage. Dans ces liaisons

qui n'auront pas de lendemain, il n'y a pas à craindre
que le désenchantement remplace bientôt « le bat-
tement du cœur et les expansions de l'âme ». Chacun
n'a que le temps d'épancher le meilleur de ce qu'il
est et de ce qu'il sait : *the first, the last and best.*

II

DRANG NACH OSTEN !

Nous remarquâmes que notre compagnon serbe
s'entretenait dans sa propre langue avec les officiers
et avec les matelots, qui sont tous des Dalmates.
L'*Ober-kelner* (maître d'hôtel) était un Viennois, le
contrôleur un Tchèque, et la cuisinière une Hongroise.
Ces bateaux sont une petite Autriche ambulante, où
des éléments très-divers sont réunis. Tout cet ensemble
n'est rien moins qu'allemand, c'est ce qui semblait
fort contrarier un naturaliste de Leipzig, en tournée
pour sa profession. Cet Allemand était fort expansif,
à la manière d'un homme qui croit n'avoir pas besoin
de se gêner n'importe où, ni avec personne. Il ne parlait que du rôle providentiel, de la *Cultur*, etc., etc.

L'Allemand, ai-je lu quelque part, est essentiellement et systématiquement envahisseur. Il croit avoir
droit à la domination sur tous les autres peuples ; il se
regarde comme leur maître naturel ; il a été élu pour

leur apporter la *Cultur*, la civilisation allemande, qui est la dernière expression du perfectionnement humain et même surhumain. L'Allemand est le sel de la terre.

Ses regards sont surtout dirigés à l'est. *En avant vers l'Orient* : cette devise est dans tous les cœurs. Or, la route de l'Orient, c'est le Danube, un fleuve qui doit être allemand. « Il n'y a pas aujourd'hui en Allemagne, ai-je lu ailleurs, un enfant qui, en apprenant la géographie (car ils l'apprennent), ne mesure sur la carte l'espace compris entre Vienne et la mer Noire et ne dévore des yeux le cours du Danube. »

« La nation allemande, disait le naturaliste de Leipzig, ne sera troublée dans sa grande mission ni par la Russie ni par la France, encore moins par les Madgiars. La *culture* intellectuelle allemande a progressé à un tel point dans les régions du bas Danube, grâce à l'Autriche, qu'elle n'a plus à redouter aucune compétition. Malgré toutes les sympathies des Slaves pour leurs congénères, ils sont restés étrangers à « la langue et à la littérature russes. Quoiqu'on fasse beaucoup de bruit en France du *Slavisme*, et quoique les Serbes élevés à Paris affectent le parler parisien, il n'y a rien de comparable à l'extension immense qu'a prise l'allemand parmi les Serbes de la haute classe. Même en Hongrie, malgré tous les efforts des Madgiars pour encourager l'usage de leur langue, l'allemand est comme le véhicule de la conversation entre gens lettrés ou de nationalités diverses. »

Le parti centralisateur, qui domine aujourd'hui dans la Cisleithanie, rêve, en réalité, de faire de l'Autriche une avant-garde, un pionnier de l'Allemagne dans le grand bassin du Danube : « Si l'Allemagne « nous prête la main, disent les germanisants de « Vienne, nous lui donnerons en cadeau le beau Da- « nube bleu, qui lui ouvrira le monde merveilleux de « l'Orient. »

Notre naturaliste n'entendait pas les choses ainsi : il ne parlait de la puissance austro-hongroise qu'avec une certaine méfiance mêlée de dédain : « Il nous est impossible, disait-il, d'identifier les intérêts de l'Alle- magne avec ceux de l'Autriche, par la raison que certaines circonstances peuvent rendre cette dernière puissance moins allemande qu'autrichienne ou hon- groise. » Il concluait au *farà da se* : « La forme ac- tuelle de l'Autriche, disait-il encore, n'a pas été faite pour exister pendant des siècles, et le grand avenir destiné à l'Allemagne dans l'Europe orientale peut seulement être atteint par l'Allemagne elle-même. »

Est-ce clair? *Farà da se.* Sur cet avenir en Orient, notre naturaliste allemand s'exaltait à perdre la tête : il devenait lyrique et sentimental; il *cuidait pinda- riser.* Il exposait, il déduisait, il prophétisait. C'est un état psychologique réellement très-curieux à obser- ver.

Nous écoutions de toutes nos oreilles. Il nous venait naturellement à la pensée qu'il ne faut pas, pour l'avenir de l'Europe orientale, se préoccuper uniquement de la Russie, et qu'il serait fort à propos d'avoir l'œil sur Berlin. Cependant le Hongrois, malgré sa réserve ordinaire sur les sujets sérieux, laissait voir une plus grande appréhension d'une invasion armée de la Russie que d'une conquête intellectuelle de l'Allemagne. Son unique souci à cet endroit était de faire expulser du royaume de Saint-Etienne tous les employés allemands des chemins de fer qui ne parlent pas couramment la langue hongroise, surtout dans les provinces où cette langue n'est pas connue du tout. La seule opinion, du reste, qu'il exprimât nettement, c'est une réelle sympathie pour les Turcs, qu'il tenait en grande estime.

III

RENCONTRE D'UN JOURNALISTE.

Il y avait aussi un autre personnage qui prit une part très-active à la conversation jusqu'à Routchouk. Sans que nous lui ayons rien demandé, il nous explique qu'il est journaliste et qu'il a la spécialité de traiter les affaires orientales depuis vingt-deux ans. Le propriétaire du journal, qui naturellement est juif, lui a accordé un congé de trois semaines. Il en profite pour visiter enfin les populations dont il a expliqué depuis si longtemps au public l'état social

et les aspirations. Il aura le temps de jeter un coup
d'œil d'aigle sur les hommes et sur les choses.

Il s'entendait parfaitement avec le Saxon pour
exalter le rôle providentiel de l'Allemagne qui dai-
gnera un jour se répandre sur l'Europe orientale
comme un limon bienfaisant. Il était encore plus
tranchant et plus aigre à l'égard des Slaves; il se
montrait le vrai disciple de Freytag, l'auteur du roman
Doit et Avoir. Le Monténégro lui était, je n'ai jamais
su pourquoi, particulièrement à tic. » C'est un Etat
superflu, disait-il, une monstruosité, une pierrre
d'achoppement. Quand le Monténégro disparaîtrait
de la carte, ni la liberté ni la *Cultur* n'auraient perdu
quelque chose. L'Autriche et la Turquie seraient dé-
barrassées d'un insecte insupportable qui ne cesse de
les piquer. »

Quand il parlait des Serbes, il allait jusqu'aux
plus grossières injures. « Dans une vâllée, dit il
en propres termes, habitée par de pauvres gar-
diens de pourceaux, se réveille chaque année la
velléité de se faire remarquer. Une fantaisie exubé-
rante, qui prend au sérieux les rodomontades de la
presse officielle de Belgrade, est déjà disposée à voir le
pays tout couvert d'hommes armés jusqu'aux dents,
avides de sang turc et madgiar, et plus encore des
ducats que le Turc porte dans sa ceinture... Pendant les intermèdes, le Serbe s'adonne au travail
pacifique et pénible d'élever de jeunes animaux
à poil hérissé pour en tirer du lard et du jambon,

heureux de pouvoir profiter d'une occasion de voler
sur la grand'route. »

Il mesurait tout à l'aune allemande. A ses yeux,
ces misérables Slaves seront toujours incapables d'é-
prouver *den edlen sittlichen Drang nach politischer
Freiheit*, c'est-à-dire les nobles aspirations de la nation allemande vers la liberté politique. Toutes les
agitations de ces déshérités étaient traitées de *schwindel*
(vertige).

A ce moment, un voyageur, qui n'avait pas encore
ouvert la bouche et qui ne le fit plus une autre fois,
s'approcha et me dit, avec un accent parisien, ces paroles dignes du Sphinx ou d'un augure : « Il est bon
que ces gens soient tels, car, s'ils n'étaient pas tels,
ils pourraient être autrement; et s'ils étaient autrement dans leur contact avec les populations de l'Europe orientale, le résultat ne serait plus le même. »
Le Serbe, qui était de la partie, avait compris plus vite
que je ne le pus faire : il m'expliqua que le vinaigre
est moins dangereux que le miel et la répulsion que
le charme. Il ne croit pas les Slaves, les Roumains et
les Grecs exposés à s'enamourer de la germanisation;
mais il ajoutait gravement que, si le fait venait jamais
à se produire, il faudrait, dès les premiers symptômes,
apporter à ce qu'il appelait cette maladie morale le
remède héroïque. Dans sa pensée, ce remède héroïque
aurait consisté à donner à ces peuples un prince allemand. « Il n'y aurait pas besoin, disait-il, d'aller bien

loin pour montrer l'effet irrésistible de cette douche
d'eau froide. » Revenons à notre journaliste.

A entendre ce forcené, à voir son enthousiasme
germanique et même pangermanique, je supposais
qu'il était de Berlin ou au moins de Potsdam. Je com-
muniquai cette impression au Serbe ; mais celui-ci me
fit comprendre poliment que j'avais dit une naïveté.
Il paraît que, vu l'exubérance de ses sentiments pour
la Grande-Allemagne, j'aurais dû comprendre que
notre homme est de Vienne : on ne trouve que là les
véritables Prussiens; car il y a aussi à Berlin des par-
ticularistes comme à Munich.

A sa profession de journaliste celui-ci avait annexé
quelques spéculations financières. Il était même devenu administrateur d'une Société de construction
dont il nous expliqua le fonctionnement avec orgueil :
« Nous ne possédons, dit-il, pas un pouce carré de
terrain, ni une seule brique, et nous n'avons jamais
eu l'intention d'en acheter. Nous réussissons cependant, en lançant des obligations, à distribuer à nos
actionnaires un dividende de quarante-deux pour cent
de la valeur nominale de leurs titres, sur lesquels ils
n'ont rien versé. » Après cet exposé, je fis la réflexion
que la plume est plus productive que le pinceau ; je ne
fus nullement étonné quand ce journaliste-adminis-
trateur ajouta qu'il avait acheté une maison de campagne à Hietzing, auprès de celle d'un souverain
dépossédé, et que, pendant l'hiver, il habitait la Resi-
denz, dans un quartier neuf, à l'*étage noble*.

En voyage, on parle volontiers de tout, à tort et à travers. L'Anglais, toujours attentif à provoquer les confidences des uns et des autres pour en tirer profit, avait mis sur le tapis la Grande-Serbie, la Grande-Dacie, le panslavisme, le panhellénisme, la Confédération adriatico-balkano-danubienne, etc., etc. Notre journaliste viennois ne se fit pas tirer l'oreille pour argumenter avec violence contre toute extension du territoire autrichien, fût-ce pour obtenir ce qu'il appelait *de la profondeur sur l'Adriatique*. « Les provinces à acquérir, disait-il, nous coûteraient plus cher qu'elles ne nous rapporteraient jamais... Non, en vérité, notre monarchie parlementaire occupe un rang trop élevé pour contracter une mésalliance avec une fiancée à moitié sauvage, dont toute la dot consiste en son manque de civilisation (*Cultur*). On dit que les catholiques de ces contrées ont des sympathies pour nous, mais quand même ils se rangeraient tous autour du drapeau autrichien en criant : *Vive le roi croate François-Joseph !* serait-ce un fait de nature à nous réjouir? Un cavalier se croit-il obligé d'offrir sa main à la première femme venue par le simple motif qu'elle désire l'épouser? »

Le Saxon applaudissait aux satires contre les Slaves; mais, en vrai *nationaliste-libéral*, il voulait pousser l'Autriche à se *rajeunir* par une intervention vigoureuse en Orient.

IV

UNE APPARITION SUR LE BATEAU A VAPEUR.

Le Serbe et moi avions fini par nous accommoder
assez bien avec le Saxon, qui avait l'*air bon-homme*,
lorsqu'il ne pensait plus à Arminius; mais le journaliste viennois nous donnait terriblement sur les nerfs.
Aussi bien avait-il entrepris de me convertir au
Vagnerisme. Comme je ne voulus pas prêter une
oreille, même distraite, à la *religion de l'avenir*, il
essaya de m'expliquer la *peinture de l'avenir*. Je n'y
comprenais rien, mais il m'avait agacé au dernier
point, et je l'aurais évité s'il n'avait eu auprès de lui
une belle personne, mince, bien tournée, pleine d'a-
mabilité et d'entrain. C'était sa fille. Elle rougissait
avec une grâce incomparable, mais cette pudeur, si
naturelle à son âge et à sa nation, n'ôtait rien à la naïve
liberté de ses mouvements. Figurez-vous une colombe
effarouchée avec la libre allure d'un moineau. Elle me
fit oublier le journaliste, et son air olympien et son
élégance de chrysocale. J'étais évidemment sous le
charme.

Le fichu tricoté de laine blanche qui couvrait les
épaules de la belle enfant était retenu par une broche
étalant une énorme photographie, qui représentait
Herman, un sous-lieutenant joufflu et moustachu,

auquel elle est fiancée depuis sept ans. Une boîte à
insectes, un herbier, un carnet-journal, un album et
un binocle pendaient gracieusement autour de sa taille
souple et nullement comprimée. C'était à perdre la
tête !

Avant l'entrée des défilés, je m'approchai d'elle
avec le Serbe pour avoir le bonheur d'admirer ensemble la beauté du paysage ; et, comme j'essayais de
lui parler allemand, elle me dit avec un joli sourire :
Je peux français. Elle continua dans notre langue,
un peu lentement, d'une façon assez correcte et, en
tout cas, avec beaucoup de charme.

Je ne sais pas si la boîte à insectes avait déjà des
habitants, mais l'album était tout à fait vierge lorsqu'elle me demanda (en rougissant) d'y esquisser les
ruines pittoresques de Golumbatch.

Elle adressa une prière du même genre au Serbe en
langue allemande ; mais elle y mêlait une si prodi-
gieuse quantité de mots français, ou soi-disant tels,
que j'imaginai qu'elle voulait me faire politesse.

J'ai su depuis que c'est la manière de parler l'allemand à Vienne.

Le Serbe, qui ne me parut pas aussi ébloui que moi,
se rendit cependant avec courtoisie à l'injonction de
la jeune fille, et il écrivit sur l'album ce fragment d'une
chanson villageoise :

> Daï mi sertse, daï mi roukou,
> Da ïa mogou spavati.

Donne-moi ton cœur, donne-moi ta main,
Pour que je puisse dormir.

La sirène rougit. « Si des gens, dit-elle, qui n'ont pas reçu le bienfait inappréciable de l'instruction montrent autant de délicatesse, combien plus les *cavaliers* doivent-ils être galants dans votre pays! » — « Ils ne le sont pas du tout, répondit le Serbe un peu brusquement. Ils choisissent une honnête fille dans une honnête famille, et ils se contentent d'aimer leur femme. Ils respectent la mère de leurs enfants, et les enfants n'abordent jamais la femme de leur père sans lui baiser la main. Voilà toute la galanterie des Serbes. »

CHAPITRE VIII

BULGARIE

I

CONTESTATION D'UNE ORIGINE.

La rive gauche du Danube devient roumaine un peu
au-dessous de l'île d'Ada-Kalé, occupée par les Turcs.
La Roumanie fait alors face à la Serbie. Le matin du
second jour, le Serbe nous montra la petite rivière
Timok, qui sépare la principauté semi-indépendante
d'avec la Bulgarie, province directement soumise à
l'administration du Sultan, et qui n'en est ni plus fière
ni plus tranquille.

On évalue le nombre des Bulgares à cinq millions.
Ils occupent seuls ou à peu près seuls l'espace compris
entre le Danube et la Dobroudja au nord, les Balkans
au sud, les Serbes à l'ouest, la mer Noire à l'est. Dans
une partie de la Haute-Albanie, ils sont mêlés aux
Serbes et aux Albanais. La Thrace et la Macédoine
présentent la juxtaposition des Bulgares avec les
Grecs.

Nous fûmes très-frappés d'entendre le Hongrois et
le Serbe réclamer tous les deux les Bulgares, non pas
comme des compatriotes, mais comme des congénères.
Le premier s'appuyait sur ce fait que la population
qui s'établit du vi^e au viie siècle entre le Balkan et le
Danube, et qui venait de l'Asie, était cousine germaine
des Madgiars ou des Ongres. Le Serbe ne niait pas le
fait, mais, d'après lui, les immigrants hongro-bulgares
étaient très-peu nombreux et ils ont été immédiatement noyés dans la masse slave, qui occupait déjà le
pays et dont il est fait mention dans l'histoire avant
l'arrivée des Asiatiques. Il donnait pour preuve de
cette assertion que les Bulgares ont immédiatement
perdu leur langue propre. Les savants, ajoutait-il, ont
toutes les peines à retrouver quelque trace de cet
idiôme dans le dialecte slave qui est aujourd'hui
parlé dans le pays, et dont les particularités paraissent tenir plutôt à une influence roumaine.

C'est à l'Anglais que le Hongrois avait exprimé
son opinion, sans avoir l'air, du reste, de se soucier
plus des Bulgares que s'il se fût agi des Roumains ou
des Serbes. J'avais reçu l'explication du Serbe, qui me
témoignait plus de confiance qu'aux autres. Nous au-
rions bien voulu aboucher les deux *prétendants*; mais
aucun d'eux ne s'y voulut prêter. « A quoi bon, objec-
tèrent-ils l'un et l'autre avec quelque dédain; ne sais-
je pas tout ce qu'il pourra dire ? »

Rebutés de ce côté, nous prîmes le parti de nous
adresser au médecin bulgare et à un instituteur, bul-

gare aussi, qui revenait de Prague. Tous les deux nous répondirent sans hésiter : « Nous sommes des Slaves. »

Le médecin allait plus loin : il niait l'origine asiatique des immigrants bulgares. « Pour étayer, dit-il, la fallacieuse théorie de l'origine asiatique, on a mis en avant certaines habitudes des premiers Bulgares, comme celles de porter des turbans, d'attacher des queues de cheval aux étendards, de s'asseoir à la turque, de boire dans les crânes des ennemis ; mais je vous démontrerai, quand vous voudrez, que toutes ces particularités appartiennent aux peuples slaves. » Je le laissai aux prises avec le médecin valaque, qui se mit à mesurer avec ses grands doigts la tête de son confrère, et entreprit de lui démontrer, par la conformation des crânes, que tous les Bulgares anciens et modernes sont des Asiatiques de la plus belle eau.

II

MIGRATIONS CONTEMPORAINES.

La population, turque d'origine, qui s'établit dans la Bulgarie après la conquête, était peu nombreuse. Elle a été fournie en partie par des janissaires et de petits chefs militaires qui y furent pourvus de fiefs sous la condition de prendre les armes au premier appel.

Le Serbe nous raconta que depuis la guerre de

Crimée la Turquie s'est appliquée à renforcer l'élément musulman en Bulgarie. Il ne dissimulait pas un dépit d'autant plus vif que les nouveaux venus, les *intrus*, comme il disait, ne sont pas de race slave. Voici le résumé de son récit; mais je ne puis reproduire l'animation qu'il y apportait.

Pendant l'expédition des Anglais et des Français dans la mer Noire, les Tartares, les anciens maîtres de la Crimée, ne cachèrent pas leurs sympathies pour les alliés des Turcs, car ils sont musulmans; ils nous ont même rendu quelques services. Après la paix, ils craignirent sans doute d'être tôt ou tard châtiés par les Russes. Ils subissaient aussi ce grand ébranlement, ce besoin de concentration, cet instinct de solidarité qui, chez tous les peuples musulmans, se manifestèrent, après la guerre de Crimée, en présence des progrès de l'influence chrétienne. Ils éprouvaient un invincible désir de se soustraire à la domination des *giaours*, c'est-à-dire des Russes infidèles.

Les Tartares se préparèrent donc à une émigration en masse. On a dit qu'ils y avaient été poussés de Constantinople. Comme obéissant à un mot d'ordre, ils cessèrent d'ensemencer leurs champs, persuadés qu'ils n'en récolteraient pas les fruits : ils vendaient leurs propriétés, et le plus souvent à vil prix, faute d'acheteurs.

La Crimée compte environ 300,000 Tartares, qui forment les deux tiers de la population de la presqu'île. Les autorités russes se montrèrent, dans le principe, favorables à cette émigration de sujets peu sûrs et d'une valeur médiocre au point de vue économique. Plus tard, elles prirent des mesures, non pour entraver, mais pour aménager les départs, de manière à ce que le pays ne restât pas tout d'un coup sans pâtres, sans cultivateurs et sans ouvriers pour les petites industries rurales. (On espérait alors remplacer les fugitifs par des Bulgares.)

A la fin de 1860, il était déjà arrivé plus de 60,000 Tartares en Turquie, sur la rive droite du Danube. Leur intrusion causa beaucoup de troubles; car les nouveaux venus ne tardèrent pas à s'apercevoir qu'il n'en était pas là comme en Russie. Ils prirent le ton de leurs coreligionnaires musulmans : ils parlaient en maîtres, et ce fut une nouvelle cause d'oppression pour les chrétiens. Pendant que les journaux de Constantinople racontaient que les indigènes s'empressaient avec joie au-devant des nouveaux venus, les chrétiens voisins de la Serbie déclaraient qu'il leur était impossible de demeurer plus longtemps dans leurs foyers, et demandaient à être admis comme colons dans la Principauté. Ils avaient été obligés de céder leurs meilleures maisons aux Tartares. La plus chétive cabane abritait deux ou trois familles chrétiennes. Il fallait que chaque habitant fournît aux étrangers 200 okas de blé, 5 okas de haricots, 3 okas d'oignons, 1 oka de sel, un demi-oka de saindoux. Lorsque la fourniture ne plaisait pas, gare aux mauvais traitements. A la suite de cette intrusion, quelques familles bulgares furent accueillies en Serbie. L'émigration prit plus tard de plus grandes proportions, mais ce n'est pas de ce côté qu'elle fut attirée.

Rappelez-vous qu'on avait eu en Russie l'idée d'échanger les Tartares de la Crimée contre des colons bulgares. Les réclamations contre le trouble qu'apportait la colonisation tartare n'avaient eu aucun résultat, même lorsqu'elles furent adressées aux consuls européens à Belgrade. C'est ce qui donna en 1861 une grande activité à un mouvement d'émigration des Bulgares en Russie. Il y eut à Viddin un bureau public d'embauchage. A chaque famille émigrante on donnait 200 roubles, et l'exemption d'impôts était promise pour quinze années.

Sans les mauvaises nouvelles qui arrivèrent bientôt de la Crimée sur la condition des premiers émigrants, la Bulgarie, ou du moins certains districts danubiens, étaient en train de se vider de Bulgares ; mais la colonisation échoua complétement. Ceux des Bulgares qui ne périrent pas revinrent dans l'état le plus déplorable.

Ici le Serbe nous raconta que, se trouvant à Toultcha, au mois de juillet 1862, il avait été témoin du retour de deux cents familles environ. Il était encore en proie à une vive émotion lorsqu'il nous peignait les figures hâves de ces malheureux, jetés sans abri sur une plage basse et malsaine, décimés par la petite vérole et par le typhus, couverts de haillons, épuisés par la faim et par la fièvre. « Je passai un jour dans leurs rangs,

continua le Serbe, en compagnie d'un vieux Polonais
et d'un voyageur français pour distribuer quelques
secours. A chaque instant, nous trouvions un mort ou
un mourant, parmi lesquels il y en avait tant de
jeunes ! Jamais ce spectacle ne s'effacera de mes yeux.
Et comme si le Ciel se plût à réunir sur un coin de la
terre toutes les calamités, une nuée de sauterelles
apparut, obscurcit un instant le soleil et s'abattit sur
un champ de verdure, qui fut dévoré en un instant. »

Ainsi l'échange de populations, qui avait été entrevu
dans les deux empires, ne fut pas réalisé. Les Tartares, déjà établis en Bulgarie, y restèrent, mais il
n'en est plus venu depuis six ans. En revanche, les
Circassiens, qui fuyaient la conquête russe, vinrent
ajouter à l'immigration musulmane un nouvel élément
plus noble assurément, mais aussi plus turbulent et
plus gênant pour les Bulgares. Dans les environs
d'Andrinople, les paysans durent les nourrir pendant
tout l'hiver. Les Circassiens se faisaient servir par les
villageois, les maltraitaient et refusaient de travailler.
Ils disaient : « Nous sommes gens de guerre et non
des hommes de peine. »

III

LA BULGARIE INSURGÉE.

Le voyageur anglais, que ces explications avaient
particulièrement intéressé, demanda au Serbe s'il ne

savait rien des insurrections de Bulgarie. « En effet,
ajouta-t-il gravement, bien que je n'en aie jamais
entendu parler, je suis persuadé que le pays a dû
s'insurger. Il n'y a pas de provinces turques sans
insurrection : c'est leur catactéristique. »

Le Serbe, avec un sourire où se peignait une certaine amertume, répondit que les Anglais connais-
sent certainement beaucoup mieux les affaires des
Volsques et des Étrusques que les révolutions con-
temporaines de l'Europe orientale. « En ce moment,
continua-t-il, où nous naviguons entre la Roumanie à
gauche et la Bulgarie à droite, je vous nommerais
Paswan Oglou ou Domnul Tudor, que vous me
demanderiez s'ils ont vécu à Trébizonde ou dans la
grande Bokkarie. »

Nous confessâmes avec repentir notre ignorance, et
la conversation continua jusqu'à la nuit sur les mouvements qui ont agité le Bas-Danube depuis le commencement du siècle. . . . .

. . . .

Les mouvements de la Bulgarie sont loin de présenter de nos jours le même intérêt que ceux de la
Bosnie, de la Herzégovine, ou de la Crète. Le bombardement de Belgrade en 1862 excita bien chez les
Bulgares une vive émotion, mais il n'en résulta rien.
Pendant l'été de 1867, alors que la Crète était en pleine
insurrection, des comités bulgares travaillaient sans
se trop cacher à Bucarest, à Galatz et à Braïla. On
accusa naturellement la Russie, mais sans avoir

trouvé de preuves positives. Le gouvernement roumain ne voulait rien voir; peut-être ne savait-il rien, car la police n'y est guère bien faite, les ministres étant absorbés par la politique parlementaire ou par leurs affaires propres. Des dépôts d'armes avaient été préparés. Deux cents hommes passèrent le Danube et entrèrent en Bulgarie auprès de Sistov le 8 juin 1867. L'autorité turque avait été prévenue. Après quelques engagements, les Bulgares furent dispersés et contraints de gagner les Balkans, où ils se formèrent en bandes d'heidouques. Jusqu'à l'hiver, ils eurent quelques engagements avec les troupes turques. On parle beaucoup en Bulgarie du succès que les heidouques auraient remporté à Varkovka, sous la conduite d'un voiévode Philippe, qui deviendra certainement légendaire. Déjà on a fait en Bessarabie une estampe de la *grande bataille* de Varkovka. Pendant cette petite guerre, les bandes chrétiennes assaillaient les villages musulmans, qui, de leur côté, commettaient quelques excès contre les chrétiens.

Dès le premier jour, il fut évident que ce mouvement avait été suscité sans répondre à la situation générale du pays et que la masse le suivait de ses vœux sans s'y vouloir mêler.

Le gouverneur général, Mithad-pacha, sévit avec rigueur contre les insurgés qu'il put prendre. Plusieurs exécutions eurent lieu à Routchouk; huit prisonniers furent pendus à Ternovo, d'autres à Sistov et ailleurs.

Au printemps de 1868, le bruit se répandit que de nouvelles bandes étaient organisées sur le territoire roumain, où beaucoup de Bulgares sont employés aux travaux des champs et des chemins de fer, et où s'étaient retirés les débris d'une légion dissoute en Serbie. On savait, du reste, que plusieurs comités étaient installés à Bucarest, à Braïla, à Giurgévo et à Bolgrad dans la Bessarabie moldave. Quelques-uns de ces comités paraissaient rechercher une direction russe; d'autres y étaient hostiles. Les Turcs étaient avertis et avaient pris des précautions.

Enfin, le 21 juillet, une bande armée d'environ 150 hommes, qui s'était formée sur une terre affermée par un Bulgare, et appartenant au prince Ypsilanti, passa de nuit le Danube auprès de Zimnitza. Les troupes régulières et un gros de volontaires circassiens les attaquèrent. Les Bulgares se défendirent avec une grande énergie, mais ils ne purent tenir devant le nombre de leurs ennemis, et surtout devant l'impétuosité héroïque des Circassiens qui enlevèrent le succès. Le plus grand nombre des Bulgares périt : il s'en échappa environ cent cinquante, qui se dirigèrent vers les Balkans par la voie de Grabova. Ceux qu'on prit furent jugés publiquement à Routchouk. Les captifs montrèrent une fermeté qu'on n'était pas habitué à rencontrer chez leurs compatriotes. Interrogés sur les espérances d'une telle tentative, il y en eut qui déclarèrent qu'ils étaient venus pour être tués. Six, qui furent condamnés à être pendus, conservèrent jusqu'à la fin une intrépide sérénité, qui produisit la plus grande impression dans les villes. On n'y dissimulait pas ses sympathies, et plus d'une fois les notifications turques furent lacérées. Les campagnards restèrent indifférents, et la bande, qui se jetait dans les Balkans sous la conduite d'Hadji-Dimitri, fut cernée auprès de Ternovo. D'après des récits dont il est difficile de contrôler l'exactitude, une centaine d'hommes furent tués en combattant et dix-huit furent pendus. La seconde tentative d'insurrection avait échoué comme celle de 1867. Il resta seulement quelques bandes d'heidouques dans les Balkans.

Que voulaient ces victimes intrépides d'un patriotisme dont l'appel n'avait eu d'écho que dans des sympathies stériles? Plusieurs documents vont nous renseigner. L'idée mère est le souvenir de l'ancien royaume bulgare détruit par les Turcs. On raconte que plusieurs se faisaient tatouer sur les bras le lion bulgare avec la devise : *Liberté ou mort,* laquelle termine une proclamation des envahisseurs de 1868 :

« Nous respecterons, disaient-ils, la vie, l'honneur, les biens et la religion des gens de toute nationalité, même des Turcs, tant qu'ils resteront tranquilles. Notre intention n'est que de nous débarrasser des abus qui pèsent sur nous et de reconquérir nos droits nationaux et notre liberté. Frères, le lion à la crinière d'or fait résonner dans les Balkans sa voix tonnante : il nous appelle aux armes. Accourons sous son étendard et crions unanimement comme un seul homme : *La liberté ou la mort.* »

Cette proclamation est datée vaguement « Des Balkans, juillet 1868, » de même qu'un mémoire adressé aux ambassadeurs à Constantinople par des personnes qui s'appellent « le gouvernement provisoire bulgare ».

« Ce n'est, y est-il dit, par suite d'aucune intelligence avec les États voisins ni d'aucune influence étrangère que s'insurge la nation bulgare ; elle n'est poussée au mouvement actuel que par les souffrances...Le but du mouvement bulgare n'est que l'installation d'un gouvernement national indépendant en Bulgarie, tels que ceux de la Serbie et de la Roumanie. »

Viennent ensuite l'énonciation des abus et la critique des prétendues réformes, « qui non-seulement sont contraires à l'esprit de notre temps, mais encore destinées à paralyser les sentiments nationaux et religieux du peuple bulgare. »

Les griefs de la population sont exposés avec plus de détail dans une pétition adressée de Routchouk à la conférence de Paris le 6 janvier 1869. Les Bulgares exposent d'abord que le gouvernement de Constantinople « trompe l'opinion publique de l'Occident, en donnant à ses actes les plus illégaux et les plus tyranniques la forme la plus libérale. » Il y a toujours eu des membres chrétiens dans les medjlis ; ils ne sont pas plus que par le passé librement élus ni libres d'agir. Le témoignage des chrétiens n'est pas reçu et les crimes des musulmans contre les chrétiens jouissent d'une impunité assurée. Les chrétiens sont soumis à de lourdes corvées pour les routes, pour les transports militaires, pour l'installation des immigrants circassiens. — Il faut nourrir gratuitement les fonctionnaires et gendarmes turcs en voyage avec leurs chevaux. — Celui qui, pour se défendre, tue ou blesse un brigand musulman, est puni. — Sans compter les impôts extraordinaires, le producteur paie en contribution directe plus de la moitié de la valeur de ce qu'il récolte. — On comprend dans la rétribution pour l'exonération militaire les infirmes, les enfants, les expatriés. — L'obligation de détruire trois corbeaux ou de payer quinze piastres est imposée aux nouveau-nés. — Où va cet argent? Tout est gaspillé. — Prenant ombrage du bon état des écoles chrétiennes, le gouvernement s'en est emparé, sous prétexte de répandre lui-même les lumières de la civilisation sur tous ses sujets : les professeurs qui ont étudié à l'étranger sont expulsés. Cette désorganisation intérieure n'est pas compensée par l'octroi de cinquante bourses au collége de Galata et l'envoi de quatre jeunes gens à Paris. — Beaucoup de Bulgares vont chercher le travail paisible en Serbie, en Roumanie, en Bessarabie. « Les plus impatients et les plus résolus prennent le chemin des aventures : voilà l'origine des bandes bulgares. » La conclusion de cette pétition est remarquable :

« Les populations esclaves des Turcs, se voyant abandonnées par les grandes puissances protectrices à la merci de leurs bourreaux, tourneront leurs espérances vers leurs bras et tenteront, eux aussi, la fortune des Crétois, avec l'espérance d'être plus heureux. Le seul moyen donc de préserver l'Europe d'un conflit général est d'accorder à la nation bulgare son autonomie sous la suzeraineté du Sultan ; de cette manière l'intégrité de l'empire ottoman sera consolidée, et tout objet d'une conflagration entre les puissances disparaîtra de l'Europe. »

Cette idée d'une alliance de la Bulgarie semi-indépendante avec la Turquie pour la défense en commun de l'intégrité de l'Orient est plus nettement exprimée encore dans une adresse que les Bulgares émigrés à Bucarest adressèrent au Sultan au mois de décembre 1868 ; en voici les traits saillants :

« Les ennemis de l'empire ottoman déploient une incessante activité et, ce faisant, ils menacent aussi notre patrie. Sire, l'empire a besoin de grands secours, d'un puissant auxiliaire : mais qui pourrait assister mieux Votre Majesté que les loyaux Bulgares, qui forment la majorité de la population (en Europe) et ont le plus grand intérêt à ce que l'intégrité de l'Etat soit maintenue. Quel Bulgare, s'il voyait son pays en possession de ses libertés nationales légitimes, ne serait heureux de marcher au sanglant combat pour la défense de l'intégrité de l'empire, laquelle garantit aussi l'existence de son pays?

« N'appuyez pas votre empire sur des fusils à aiguilles et des canons rayés, mais sur l'amour des nations... La Bulgarie une fois satisfaite, l'empire sera assez fort pour exister sans l'assistance de l'Europe, et il cessera de dépendre de la merci des diplomates. Sire, l'existence ou la

ruine de l'empire ottoman ne dépend que de votre bonne
volonté, que de votre résolution. Soyez roi de la Bulgarie
autonome et sultan de l'empire ottoman, et la vieille gloire
d'Amurath, de Bajazeth et de Mahomet II entourera de
nouveau la tête de Votre Majesté. »

Les choses en sont restées là sur le terrain politique;
mais les questions religieuses, ou plutôt hiérarchiques,
n'ont cessé d'agiter la Bulgarie depuis 1860.

IV

BULGARES ET GRECS.

Au moment où nous arrivions à Routchouk, toute
la ville était en émoi, et ce n'était pas sans raison.

Depuis 1870, les Bulgares, qui sont de rite grec et,
comme on dit, *orthodoxes*, ont été émancipés de la
sujétion au patriarcat grec de Constantinople. L'ar-
chidiocèse de Routchouk est une des circonscriptions
qui furent attribuées à des évêques bulgares.

On sait que l'arrangement imposé alors par le Sultan
n'a pas été accepté au patriarcat grec de Constantinople, et que les Bulgares ont été excommuniés par
les Grecs en 1872.

Quelques familles de race hellénique, mais sujettes
du Sultan, ne voulant pas fréquenter les églises inter-
dites des Bulgares, avaient installé dans la maison
de l'un d'eux une petite chapelle.

Un prêtre grec avait été envoyé du patriarcat de Constantinople. Aucune autorisation ne fut demandée au métropolitain bulgare; mais le gouverneur turc avait permis l'ouverture de la chapelle.

Quelques jours avant notre arrivée, c'est-à-dire le jour de Noël 1872, les Grecs inaugurèrent solennellement leur chapelle. Une bande de Bulgares y fit irruption pendant le service divin, gardant le fez sur la tête, vociférant, insultant le prêtre, et disant que c'était une synagogue. Les Grecs se ruèrent sur les Bulgares, les décoiffèrent de force et commençaient à les rouer de coups, lorsqu'un peloton de police vint séparer les combattants.

Le lendemain, l'exaspération était au comble des deux parts. La ville fut occupée militairement. Les Bulgares, au nombre de plusieurs milliers, se portèrent à leur maison métropolitaine, entraînant de force les membres de leur conseil, qu'ils sommaient de les conduire chez le gouverneur; mais ils se dispersèrent lorsqu'on leur apprit que Hamdi-Pacha avait ordonné la fermeture de la chapelle. Là-dessus, les Grecs se réunirent pour protester. Des hommes des deux partis se rencontrèrent dans la rue et recommencèrent à se rosser vigoureusement.

Le gouverneur avait télégraphié à Constantinople. Or, il paraît qu'après avoir soutenu les Bulgares, la Porte est maintenant influencée par le parti contraire. Ordre arriva de faire rouvrir la chapelle grecque. C'était le troisième jour : les Bulgares se ruèrent en masse sur cette chapelle ; mais ils y trouvèrent les Grecs, armés de revolvers et de poignards. Dans ces circonstances, il y a toujours un coup de pistolet qui part. Un véritable combat s'engagea. Il durerait encore si les troupes turques n'étaient accourues pour y mettre fin.

Ces événements encore tout chauds apportèrent quelque perturbation dans la colonie si paisible du bateau à vapeur. Aussi bien avions-nous reçu à l'une des échelles roumaines un fermier grec. C'était un homme de bonne mine, encore jeune, aux yeux noirs, au teint bruni par le soleil, à la physionomie intelligente et mobile, aux traits réguliers et portant le caractère de l'énergie persévérante. La vivacité de de ses allures tranchait avec le calme un peu lourd des autres voyageurs. Il était fort à son aise avec tout le monde, mais poli et discret. L'émeute de Routchouk lui avait donné une certaine animation, qui se communiqua au médecin bulgare.

Celui-ci, très-ardent aux questions nationales, était très-tiède sur le reste, et je gagerais encore qu'il appartient à la religion d'Edgar Quinet. Il voyait dans ce qui s'était passé plutôt une affaire nationale qu'une affaire religieuse. Quel que fût le sentiment qui l'animât, il était *crin* à l'endroit du Grec, qui devenait aussi belliqueux. Seuls, ou ils se fussent rués l'un sur l'autre, ou bien, ce qui est beaucoup plus probable, ils n'eussent pas échangé une parole ; mais comment échapper à l'ardente curiosité des étrangers qui se croient obligés de s'intéresser à tout? A bord, on parla du conflit à peu près comme il suit :

Le Bulgare. — Le firman a attribué aux Bulgares la métropolie de Routchouk. Aucun prêtre ne peut y exercer son ministère sans l'agrément de l'autorité épiscopale.

Le Grec. — Les firmans sont non avenus pour l'Eglise, quand ils violent les Constitutions apostoliques. Nous n'avons pas accepté votre firman.

Le Bulgare. — Vous vous êtes résignés jadis à l'émancipation hiérarchique de la Russie, à celle du royaume de Grèce, à celle de la Serbie et de la Roumanie. Vous ne protestez pas contre l'organisation patriarcale des Orthodoxes en Autriche. Vous êtes ne communion avec des Orthodoxes qui célèbrent en slavon, en roumain, en arabe. Pourquoi refusez-vous aux Bulgares ce que vous laissez à tous les peuples qui ont voulu une hiérarchie séparée?

Le Grec. — Nous n'avons jamais été opposés en principe à un accord, mais à la condition que cet accord ne violât ni les lois de l'Église ni les intérêts de la nationalité hellénique. Nous serions amis aujourd'hui si nous n'avions rencontré deux obstacles qui, ni l'un ni l'autre, n'ont été suscités par les Grecs.

Le premier obstacle vint des Turcs. Les Bulgares désiraient que leur chef religieux résidât en Bulgarie. Le patriarcat grec le demandait aussi; mais les Turcs, craignant un foyer national au milieu du pays, ont exigé la résidence à Constantinople. A l'Eglise grecque on a objecté contre cette résidence que, pour des fidèles professant le même dogme et, qui plus est, observant le même rite, il ne peut pas, sous prétexte de nationalité ou de langue, co-exister deux autorités épiscopales sur la même circonscription.

Le Bulgare. — Il eût été certainement préférable de ressusciter le patriarcat qui existait à Ternovo dans le temps du royaume vlacho-bulgare.

Le Grec. — Le patriarche de Constantinople ne pouvait, ni seul ni avec le concours de ses confrères d'Alexandrie, d'Antioche et de Jérusalem, trancher une telle question. Nous avons demandé la convocation d'un concile et vous n'avez pas osé l'accepter.

Je pris ici la liberté de poser une question.

Le Français. — Veuillez, Messieurs, me dire en quelle langue ce concile aurait été tenu.

Le Grec. — Quelle question ! en langue grecque !

Le Bulgare devint sérieux, mais il ne put émettre aucune opinion sur ce sujet délicat.

Le Grec. — Le second obstacle vient des Bulgares, qui ont voulu ravir à la Grèce deux provinces, la Macédoine et la Thrace.

Le Bulgare. — Vous intervertissez les rôles : la Thrace et la Macédoine nous ont toujours appartenu. Les Slaves habitaient ces provinces avant vous. Les Arians-Hellènes erraient encore sur les hauts plateaux de l'Asie, lorsque nos paisibles populations cultivaient déjà toute la péninsule. Les Pélasges, c'est nous. Nous vous avons appris l'agriculture. C'est nous

11

qui vous avons initiés à la civilisation. Orphée était certainement un Slave : M. Verkovitch vient de retrouver chez nous toute son histoire, que vos poëtes ont défigurée. Nierez-vous qu'Alexandre le Grand et Justinien aient été des Slaves? Au plus beau moment de votre puissance, vous n'avez jamais occupé que des ports sur la côte et quelques comptoirs à l'intérieur, comme les Génois pendant le moyen âge. Nous sommes les autochthones, vous les intrus.

Le Grec. — Je n'ai pas assez étudié pour vous répondre; mais ce que vous avez dit de nos grands hommes suffira pour montrer à ces messieurs l'inanité de vos prétentions. Ce n'est pas, d'ailleurs, de cela qu'il s'agit, mais des familles grecques qui habitent Routchouk. A quelle église voulez-vous qu'elles aillent?

Le Bulgare. — Vous venez de dire que Bulgares et Grecs ont le même dogme et le même rite; pourquoi vos Grecs ne viendraient-ils pas à nos églises? S'ils veulent avoir l'office dans leur langue, qu'ils se pourvoient auprès du métropolitain reconnu par le sultan!

Le Grec. — Vous parlez comme si vous n'étiez pas excommuniés. Voilà donc des sujets ottomans qui ne peuvent pas pratiquer leur religion, parce qu'il a plu au sultan de livrer à des schismatiques certains diocèses de son empire! C'est de la persécution. On viole les engagements pris par Mahomet II envers notre patriarche Gennadius.

Le Français. — Il me semble que vos Grecs se trouvent dans la position des Arméniens catholiques.

Il y a une religion à laquelle le monde entier donne le nom de catholique, et qui compte environ trois cents millions de fidèles obéissant à un chef religieux qui s'appelle le Pape. Or, ceux de ces catholiques qui sont arméniens ont vu exiler leur patriarche; on leur a pris leurs églises. La religion qu'ils ont en commun avec trois cent millions d'âmes ne peut plus être pratiquée par eux en Turquie, parce que la Porte a constaté que les seuls vrais catholiques sont ceux qui désobéissent au Pape et que le Pape a excommuniés!

Le Grec. — C'est bien différent, parce que le Pape est souverain étranger et docteur infaillible.

Le Français. — Admettez, si vous voulez, que nous, les trois cent millions de catholiques, nous sommes tous des niais et de vils esclaves d'un souverain étranger (qui n'a plus d'État); mais avouez que nous avons une religion quelconque. Or, les Arméniens qui veulent pratiquer cette religion (humiliante et ridicule) sont persécutés et dépouillés par les Turcs, tandis que les adorateurs du Diable et ceux du Chien sont tolérés dans l'empire ottoman.

Le Bulgare. — Monsieur le Français, vous n'êtes pas du tout dans la question. Si vous aviez eu l'esprit de battre les Prussiens, les ministres turcs auraient été convaincus que vous êtes les vrais catholiques.

Le Grec. — Je répète que c'est bien différent... Mais je vous demande si ce n'est pas persécuter les Grecs que de les vouloir forcer à fréquenter les églises des excommuniés.

Le Bulgare. — Pourquoi nous avez-vous excommuniés?

Le Grec. — Vous nous auriez pris la Thrace et la Macédoine.

V

NATIONALITÉ ET RELIGION.

Le Français. — Permettez-moi, Messieurs, de vous faire observer que j'ai beaucoup de peine à vous suivre. Ce n'est pas que vos déclarations ne soient claires; c'est leur clarté, au contraire, qui bouleverse toutes mes idées. Vous avez le même dogme, le même rite et la même discipline.

Même sur la langue liturgique, vous me paraissez d'accord pour que chacun conserve la sienne. Vous trouvez, cependant, moyen de vous déchirer sur des questions religieuses. Puisqu'il s'agit de religion, il me semble que la Thrace et la Macédoine n'y font rien. Je ne vois ni chez l'un ni chez l'autre de vous la préoccupation que j'attendais, c'est-à-dire celle du salut des âmes.

Le Bulgare (avec un sourire). — Si vous m'y autorisez, monsieur le Français, je vous répéterai que vous êtes encore tout à fait en dehors de la question.

Vous en êtes tellement loin, que si je n'avais habité pendant plusieurs années la Belgique et la France, je ne comprendrais même pas votre objection.

Voyez, par exemple, notre fermier grec, qui n'a jamais été que de Zante à Calafat : dès que vous avez abordé l'affaire du point de vue religieux occidental, il est allé fumer une cigarette sur la passerelle du commandant.

Le Français. — J'ai été bercé avec l'idée que les questions de religion, même de rite, dominent tout parmi les populations de l'Europe orientale.

Le Bulgare. — Vous avez été bercé avec une idée sinon absolument fausse, du moins fort incomplète.

Les populations slaves, roumaines et albanaises sont fort attachées à leur religion : elles en ont donné la preuve en subissant, depuis quatre cents ans, le long martyre de l'humiliation et de l'oppression pour leur fidélité au Christ. En prononçant seulement les paroles : *Il n'y a de Dieu que Dieu, et Mahomet est son prophète,* on peut passer de l'état d'esclave à celui de dominateur. Nos chrétiens ne l'ont pas fait, et ils ne le feront pas.

Le Français. — Je vous prierai cependant de remarquer que les noblesses de l'Albanie, de la Bosnie et de la Herzégovine ont abjuré leur religion pour conserver leurs priviléges.

Le Bulgare. — Pour mon compte j'attribue en grande partie cette défection au fait que la Bosnie était alors infectée de l'hérésie des Bogomiles, appelés aussi Paterniens ou Cathares. C'est la même erreur que celle des Albigeois; mais soyez certain que, sur cent bourgeois ou paysans de nos pays, il y en a quatre-vingt-dix-neuf qui se laisseraient couper la tête plutôt que de se faire musulmans.

Ce que je prétends, c'est que la nationalité domine depuis longtemps ici la religion. La religion est devenue une des formes de la nationalité. Nous nous sommes débarrassés complétement de l'influence des prêtres, si tant est qu'elle ait jamais existé ici. Nous avons maintenu le prêtre dans le sanctuaire. Il administre les sacrements. En dehors de cela, il faut qu'il marche avec nous, ou plutôt derrière nous, pour apporter au travail national le genre de concours que sa spécialité comporte. Vous voyez que nous avons fait des progrès.

Le Français. — Vous avez progressé à reculons.

Le Bulgare. — L'histoire moderne prouve surabondamment ce que je viens de dire. Les Roumains orthodoxes de l'Autriche n'ont pas voulu rester sous le même patriarche avec les Serbes orthodoxes du même empire, et il a fallu leur céder. — Dès l'année 1853, votre Pape a constitué une Église distincte et stavropigiaque, c'est-à-dire relevant directement de lui, pour les Roumains-Unis de l'Autriche, qui avaient, depuis l'union, relevé de l'archevêché catholique, mais hongrois, de Gran. Le métropolitain alors institué par Pie IX était, en Transylvanie, l'un des principaux organes de la résistance roumaine à la Hongrie, bien que la grande majorité des Roumains soit orthodoxe. — En 1848 et en 1849, les Croates catholiques se sont unis aux Serbes orthodoxes pour combattre l'hégémonie politique des Hongrois catholiques.

Les Serbes sont aussi en grande partie orthodoxes, ce qui ne les empêche pas de regarder comme un des premiers chefs de la nation l'évêque catholique de Diakovo, Mgr Strossmayer. Vous verrez peut-être un jour se réunir, contre les Turcs musulmans ou contre les Hongrois catholiques, les trois communions religieuses de la Bosnie : l'orthodoxe, la catholique et la musulmane ; mais ce que vous ne verrez pas, c'est que les Grecs et les Bulgares fraternisent aussi longtemps que la question, pas du tout religieuse, de la Macédoine et de la Thrace se dressera entre ces deux coreligionnaires unis de dogme et de rite.

C'est ce qui fait que le laïcisme a envahi complétement et subordonné la religion dans toutes les communions de l'Orient, les catholiques exceptées.

Cette affirmation du Bulgare a appelé ces jours-ci notre attention sur un article d'un journal officieux de Bucarest, qui expliquait la neutralité gardée par la Roumanie pendant la présente insurrection de la Herzégovine. La Roumanie, y est-il dit en toutes lettres, est de race latine. « Elle n'a, comme la Grèce, *rien de commun que la religion* avec les populations de la péninsule des Balkans. » Voilà qui confirmerait bien, contrairement à l'opinion généralement admise en Occident, que les questions religieuses sont aujourd'hui subordonnées, dans l'Europe orientale, aux questions de nationalité, voire même de race, ce qui est bien pis.

L'une des causes de cet état est le fait que les Grecs, en 1821, ont levé l'étendard particulier de la Grèce, et non l'étendard de la chrétienté. Aussitôt il a éclaté en Valachie un mouvement roumain contre les Grecs. La même impression a dû se produire dans les autres pays chrétiens de la Turquie.

VI

UN PRINCIPE MODERNE.

L'Anglais avait été troublé et irrité par un mot qui revenait souvent au cours de ces entretiens sur le bateau : c'est le mot *nationalité*. L'introduction de cette idée dans les relations des peuples et des gouvernements lui inspirait une vive inquiétude, et il en contestait la légitimité. Il y voyait la contradiction du droit positif et l'intrusion d'un élément de désordre dans les rapports publics.

Il faudrait d'abord, dit le Français, demander à l'histoire comment *le principe des nationalités* (puisqu'il faut l'appeler par son nom) s'est introduit dans le

monde. Il n'existait rien de semblable au moyen âge,
et pourquoi? D'un côté, parce qu'il y avait alors un
idéal supérieur, l'idéal chrétien; de l'autre, parce
que la domination d'une nation sur une autre n'avait
à cette époque ni le même caractère ni la même in-
tensité. Je m'explique.

Dans l'Europe orientale, par exemple, les Croates
ont été unis aux Hongrois, et tous les deux se sont
rangés sous le sceptre de l'illustre maison de Haps-
bourg; pourquoi? pour combattre en commun l'infi-
dèle, l'ennemi de la religion. Leur agrégation volon-
taire avait cette raison d'être; son objectif n'était à
aucun degré l'exploitation des agrégés pour l'avantage
exclusif ou pour la gloire d'une nation dominante.
L'expression *nation dominante* n'est même pas applicable. En réalité, il n'y avait au moyen âge que la
dynastie qui fût dominante en pareil cas.

Comment, d'un autre côté, la domination était-elle,
ai-je dit, moins intensive? parce qu'on n'avait pas
encore inventé la centralisation, l'unification et le
fonctionnarisme. Lorsqu'il s'agissait de combattre un
ennemi commun, chaque nation arrivait en groupe,
sous ses chefs à elle, héréditaires ou élus : elle conservait son drapeau.

Le Serbe. — C'est précisément ce qui avait lieu dans
l'empire ottoman avant les prétendues réformes.
Encore pendant la dernière guerre d'Orient, les chrétiens Mirdites sont arrivés sur le Danube conduits par
leur prince héréditaire, et sous leur propre drapeau. Ces

mêmes Lazes, ces Kurdes, qu'il faut enchaîner aujour-
d'hui pour les conduire au service *régulier*, se levèrent
en masse et à leurs frais en 1854 pour aller défendre
la bannière du Prophète sur les pas vénérés du Com-
mandeur des croyants. Ils ne maudissaient pas alors
le sultan ghiaour. Je vis un jour arriver à Constantinople une brillante troupe de cavaliers kurdes, re-
vêtus de leur riche costume national et chargés
d'armes ciselées, étincelantes d'or et d'argent. Ils
venaient conduits par leur chef héréditaire, qui était
une femme âgée de soixante ans. Cette action libre et
spontanée a aussi entretenu l'ardeur belliqueuse de
chevalerie bosniaque jusqu'au commencement de ce
siècle. C'était si bien dans le fond même des principes
gouvernementaux de l'ancienne Turquie, que le mot
Baïrak, drapeau, signifiait aussi *province*.

Le Français. — Autrefois chaque pays agrégé à un
autre conservait ses lois, ses coutumes. Les agents de
l'autorité publique, autorité d'ailleurs fort restreinte,
étaient indigènes. La langue nationale était sauve-
gardée, et, pour les communications avec les autres
membres de l'association, un idiôme neutre était
employé, le latin. Le domaine public était respecté.

Pour revenir au service militaire, lorsque le chef
commun voulait entreprendre une guerre, il faisait
dans chaque partie de l'agglomération un appel à ses
fidèles états pour en obtenir des hommes et des sub-
sides. Le service militaire était libre, ou, pour mieux
dire, il était obligatoire seulement pour ceux qui déte-

naient un fief ou qui recevaient une protection dont le service en temps de guerre était le prix convenu.

L'Anglais. — J'oserai vous dire, mon cher artiste, que vous êtes *moyenagiste* de parti pris dans la politique comme dans l'art. Pour le moment vous composez un tableau. Sans en avoir conscience peut-être, vous reléguez dans les ombres et dans les lointains tout ce qui pourrait nuire à l'effet des brillantes couleurs dont vous vous appliquez à revêtir un idéal de convention. Vous êtes un artiste! Je maintiens qu'il y avait, au moyen âge, beaucoup de désordres et des violences, de la nature même de celles que vous reprochez peut-être avec raison à la forme actuelle de la civilisation.

Le Français. — Partout où il y a des hommes, vous constaterez des excès : c'est la conséquence du péché originel; mais il y a la grande différence qu'au moyen âge certains faits étaient considérés par tous comme des attentats et condamnés par l'Église, tandis que les mêmes faits sont regardés aujourd'hui comme le dernier mot du progrès, et exaltés par les professeurs et les journalistes. En fait de violence directe systématique et acharnée contre ce qu'on appelle maintenant une nationalité, le moyen âge, le vrai, celui qui a précédé votre prétendue réforme religieuse du xvıe siècle, ne présente en ce moment à ma mémoire qu'un seul exemple, à savoir l'extermination des Slaves de la Baltique et des indigènes de la Prusse orientale par les Allemands. Les papes ont-ils assez objurgué les impitoyables conquérants? mais que pouvaient les armes spirituelles contre une milice non plus chevaleresque, mais soldatesque, qui allait bientôt se séculariser pour prendre terre et femme?

L'Anglais. — Revenez à la question, s'il vous plaît.

Le Français. — C'est le mode actuel de civilisation qui a engendré la souffrance aiguë de la nationalité. Si l'on ne défendait pas sa nationalité au moyen âge, c'est parce qu'elle n'était pas attaquée. Le pouvoir était limité par les idées et contenu, tandis que la domination moderne ne connaît ni mesure ni frein.

Des lois communes sont imposées à l'universalité de l'agglomération la plus disparate. Ces lois sont appliquées par des fonctionnaires étrangers le plus souvent et choisis dans un intérêt autre que celui de la fonction à remplir. Ces fonctionnaires ignorent ordinairement la langue et les mœurs de leurs administrés; ils n'ont pas le temps de s'y instruire, car ils sont toujours en mouvement pour *avancer*; c'est l'image vraie du mouvement perpétuel. La liberté religieuse est entravée et l'éducation publique accaparée par l'État central : la langue du peuple dominant est imposée jusque dans l'enseignement. Le domaine public, cette épargne des aïeux, est mis au pillage ou dépensé pour des causes souvent hostiles à ceux qui l'ont recueilli ou amassé. Enfin, on fait subir à un peuple, et sur un mode antipathique à sa nature, mille tracasseries journalières, ce qui exaspère plus qu'une violence à un moment donné. Le moyen âge a eu de ces accès de violence passagère : le temps moderne a la tracasserie de tous les jours.

Le Serbe. — Mon expérience du monde slave confirme complétement cette appréciation. Nos Slaves ont une antipathie radicale et absolue contre les formes de toute administration allemande. Je prends pour exemple un aubergiste bosniaque, musulman ou chrétien, peu importe. Il préférera le Turc, qui de temps en temps viendra défoncer brutalement ses tonneaux et lui appliquer quelques coups de bâton ; il le préférera à l'employé allemand, sec et plein de morgue, armé de ses lunettes et de son écritoire, qui, sans lui faire aucun mal, viendra examiner minutieusement chaque semaine le nombre de verres qui auront été débités. Certes, c'est un grand déchirement dans une famille slave quand un fils de la maison est tué par les bachi-bouzouks. Eh bien, je ne sais pas si l'enlèvement régulier, prévu et mécanique du jeune garçon par le recrutement ne lui sera pas plus douloureux, plus antipathique et plus irritant. Le Slave ne s'en rend pas compte; il dirait peut-être le contraire, mais c'est ainsi.

Le Français. — Vous avez touché la corde la plus sensible. Après l'enseignement laïque, uniforme et obligatoire, il n'y a, dans les agglomérations composées de peuples disparates, rien de plus tyrannique et de plus contraire à la nature que le service obligatoire,

Ah! nous sommes loin *des fidèles états* à qui l'on demandait la permission de lever les hommes de bonne volonté! Vous enlevez de force un petit paysan polonais de la Posnanie pour l'envoyer mourir de la petite vérole ou d'une balle française dans une guerre qu'il ne comprendra que pour la maudire? Voici un jeune pâtre roumain de la Transylvanie. Vous lui mettez de force un habit blanc; aussitôt il est condamné à aller tuer aujourd'hui des Italiens, demain des Autrichiens des Bouches de Cattaro. S'il résiste à tuer ou à se faire tuer, il sera fusillé comme lâche et comme traître; mais il sera grandement honoré s'il prend goût à tuer n'importe qui d'une manière impassible, pour obtenir de l'avancement ou une décoration parmi les Hongrois ou les Cis-Leithans.

Dans la promiscuité de l'embrigadement, que reste-t-il à chaque membre de ces diverses nations assujetties au même joug? que retrouve-t-il de sa religion, de ses traditions, de sa famille, de son *moi?* Le commandement se fait dans une langue étrangère. Le drapeau lui est étranger. L'enrôlé est un numéro dans un régiment qui n'est lui-même qu'un numéro. Telle était la domination des Avares sur les Slaves.

L'Anglais. — Le petit pâtre valaque me rappelle les vers qui ont été inspirés à lord Byron par la statue du *Gladiateur* mourant dans le cirque. Il aura expiré avant qu'aient cessé les sauvages applaudissements qui acclament le vainqueur maudit :

He heard it, but he heeded not. His eyes
Were with his heart; and that was far away;

He recked not of the life he lost, nor prize,
But where his rude hut by Danube lay,
There were his young barbarians all at play,
There was their Dacian mother. He, their sire,
Butchered to make a Roman holiday!
All this rushed with his blood. — Shall he expire
And unavenged? Arise, ye Goths, and glut your ire.

Il a entendu ces applaudissements; mais il n'en a pas été
ému. Ses yeux
Étaient avec son cœur; et c'était bien loin du cirque ;
Il ne se souciait ni de la vie ni de la victoire qui lui échap-
paient.
Il voyait le lieu, où est sa hutte sauvage aux bords du
[Danube;
Là où étaient ses enfants, ses jeunes Barbares, tout au jeu;
Là où était leur mère Dace. Et lui, leur maître,
Egorgé pour faire un divertissement romain!
Voilà tout ce qui coulait devant lui avec son sang. — Expi-
rera-t-il
Sans être vengé? Levez-vous, Goths, et rassasiez votre
[colère (1).

Le Français. — C'est vous qui avez nommé le cirque.
Que le malheureux Slave ou Valaque soit tué pour
amuser le peuple romain ou pour enrichir les Avares ou
les Allemands, quelle est la différence? Votre poëte a dit:

And wherefore slaughter'd? wherefore! but because
Such were the bloody circus' genial laws,

(1) Le pèlerinage de Childe-Harold, iv, 140 et 141 strophes.

And the imperial pleasure. — Wherefore not?
What matters when we fall to fill the maws
Of worms on batle-plains or listed spot?
Both are but theatres where the chief actors rot.

Et pourquoi égorgé? Pourquoi! mais parce que
Tels sont les règles naturelles du cirque,
Et le bon plaisir impérial. — Et pourquoi pas?
Qu'importe, lorsque nous succombons pour nourrir les vers,
Que ce soit sur un champ de bataille ou sur la lice du
|cirque?
Tous les deux ne sont que des théâtres, où les principaux
[acteurs pourrissent (1).

Oui, mes chers compagnons, la centralisation seule explique l'explosion violente ou le mugissement sourd de la *nationalité* dans les temps modernes. La nationalité existait au moyen âge, mais le moyen âge ne la faisait pas crier.

L'Anglais. — Et la conclusion pratique, s'il vous plaît?

Le Français. — Je conclus que la résistance des nationalités est une réaction naturelle et légitime contre la centralisation moderne; mais je n'admettrai jamais qu'avec le caractère exclusif et étroit d'aujourd'hui, ce soit un progrès sur l'idéal chrétien et chevaleresque du moyen âge. Cet idéal, l'imperfection humaine ne l'a peut-être jamais réalisé complétement; mais il

_____
(1) Ibidem. Strophe 139.

est ce que l'âme humaine a jamais conçu de plus grand, de plus généreux, de plus fécond et de plus vrai.

L'Anglais. — Vous revenez toujours à votre époque de prédilection.

Le Français. — Je ne suis pas assez fou, ou, si vous préférez, assez artiste pour rêver le retour d'un passé dont les éléments même ont disparu ; mais je soutiens *mordicus* qu'il faut être initié au moyen âge pour comprendre l'Orient, et que l'Orient fait comprendre le moyen âge.

Le Serbe. — Excusez-moi, mais je n'ai jamais entendu parler que des ténèbres de l'esprit et du cœur pendant le moyen âge.

Le Bulgare. — Et moi aussi. La plupart des journaux français et belges le répètent continuellement.

Le Français. — Vous êtes tous des ingrats. Vous, Anglais, vous devez à la tradition chrétienne du moyen âge tout ce que vous avez encore de noble, de normal et de vivifiant. Vous, Orientaux, le moyen âge vous a préservés, et c'est seulement par des idées émanant du moyen âge que vous pouvez vous sauver.

Pour rester *practical*, je dirai que les nations de l'Europe orientale doivent s'attacher avant tout à leurs *droits historiques* et s'y cramponner, pour ainsi dire, comme à la planche de salut. Qu'ils se gardent surtout des théories philosophiques et des idées révolutionnaires. Ils y agréent trop volontiers sans y voir malice. En dehors du principe des droits historiques, qui sont une idée du moyen âge, il n'y a, pour les populations de l'Europe orientale, que deux perspectives : soit le despotisme démocratique ou césarien, soit la promiscuité des grandes agglomérations de races.

C'est un fait extrêmement remarquable que toutes les réclamations légitimes des populations de l'Europe orientale peuvent s'appuyer sur des droits historiques. Cette base est la bonne. Toute théorie qui fait table rase de l'histoire et des droits acquis, a naturellement une allure révolutionnaire. Or, la révolution, qu'elle soit couronnée ou découronnée, aboutira toujours à la négation et à l'oppression des droits particuliers ; car, si elle reconnaissait ces droits, elle ne serait plus la révolution, c'est-à-dire un système absolu de reconstruction sociale et diplomatique fondé sur une théorie préconçue et qui ne tient compte d'aucun droit antérieur. La révolution, c'est, à proprement parler, la table rase.

L'instinct des populations ne s'y trompe pas. Le réveil de chacune a commencé par l'étude attentive et passionnée de son passé et par l'exposition de ses prétentions historiques. C'est par ce moyen que des succès ont été obtenus. Comment les Hongrois ont-ils reconquis une existence indépendante? Est-ce en invoquant le *Contrat social* de Jean-Jacques Rousseau? ou les *Droits imprescriptibles de l'humanité?* ou Prudhon et Michelet? Pas le moins du monde. C'est en se plaçant sur le terrain solide d'une pragmatique sanction

qui a renové au XVIIIe siècle les droits stipulés en
faveur de la Hongrie pendant le moyen âge. Les
Hongrois ont revendiqué la *continuité du droit* avec
une fermeté et une persévérance admirables.

Comment les Roumains de la Moldavie et de la
Valachie sont-ils arrivés à faire sanctionner leurs
droits par toute l'Europe? C'est en invoquant les capi-
tulations de leurs princes avec les sultans turcs.
L'Europe a fini, il est vrai, par consulter ces Roumains sur leurs vœux, mais par suite d'un accord
avec le suzerain et non par une déduction philoso-
phique. D'ailleurs pourquoi les a-t-on consultés, eux
Roumains, tandis que rien n'a été demandé ni aux
Bosniaques ni aux Bulgares, dont la situation est bien
plus critique? C'est parce que les Roumains ont eu
la chance de trouver dans un historien grec la trace
d'un traité conclu par leur prince Mircea avec Bajazet
la Foudre, en 1393.

Ce ne sont ni la philosophie du XVIIIe siècle, ni les
principes révolutionnaires, qui ramèneront dans
l'Europe orientale l'ordre troublé par les conquérants,
par les légistes et par les césariens. La philosophie
du XVIIIe siècle a enfanté la centralisation administrative de Joseph II, qui en a lui-même demandé
pardon à Dieu et aux hommes avant de mourir. La
révolution, c'est la réforme unitariste de 1839 et de
1856 en Turquie. En Autriche, c'est ou l'absolutisme
administratif et germanisant de Bach, ou la centralisation parlementariste et également germanisante

de Schmerling. La philosophie du xvIII^e siècle et la révolution sont les ennemis naturels des populations de l'Europe orientale.

CHAPITRE IX

MER ET STEPPES.

I

Nous avions admiré la partie du Danube comprise entre Baziasch et les Portes-de-Fer; le bateau traverse ensuite une région moins accidentée, avec la Bulgarie au sud et la Valachie au nord.

Bientôt nous avons parcouru les rives plates du Delta, et l'obscurité était survenue lorsque nous sortîmes du Danube par une belle nuit. Nous apercevons longtemps le phare de l'embouchure et celui de l'île des Serpents, petit îlot situé dans la mer Noire.

Au petit jour, je commence à distinguer la côte russe, qui devient plus apparente de moment en moment; c'est une simple berge uniformément élevée. Je cherche à découvrir le cran qui doit marquer la large embouchure du Dniester. Sur la rive droite de ce fleuve est Akerman, et sur la rive gauche, Ovidiopol, élevé en l'honneur du gracieux poëte qui y fut exilé pour avoir eu la langue trop longue à la ·cour d'Auguste. Obligé de parler les idiomes du pays, il avait peur de perdre son latin :

> *Ipse mihi videor jam dedidicisse Latinè,*
>   *Quam didici Getice, Sarmaticeque loqui.*

Puisqu'il avait appris le gète et le sarmate, que n'a-t-il eu l'idée de nous en laisser un échantillon, ne fût-ce que pour faire diversion à des pleurniche- ries un peu bien prolongées !

Au renflement de la côte qui dessine le golfe d'Odessa, deux tours apparaissent; l'une est le phare et l'autre une machine à faire monter l'eau. Entre les tours, deux églises blanches font un effet charmant avec leurs coupoles peintes en vert. Le bateau rase maintenant la côte d'assez près pour laisser aperce- voir sur le sommet et à mi-côte des maisons de cam- pagne qui se suivent jusqu'à Odessa, et dont quelques- unes sont très-élégantes.

La police et la douane ne méritent pas leur mau- vaise réputation.

La première impression, en grimpant pour gagner le haut de la ville, n'est pas favorable. Bientôt vous entrez dans des rues larges et ornées de constructions un peu théâtrales. Le plus bel endroit est une terrasse donnant sur la mer. Les plantations sont chétives et rabougries, à cause de la poussière et du manque d'eau (on achevait alors l'aqueduc qui allait amener les eaux du Dniester). Au centre de la terrasse, je m'apprêtais à saluer avec respect la statue du duc de Richelieu, le fondateur d'Odessa. Que vois-je? on l'a habillé ou plutôt déshabillé en Romain !

II

COUP D'ŒIL SUR L'UKRAINE.

Au nord d'Odessa s'étend l'Ukraine, la contrée poétique et légendaire du monde slave. La nature en Ukraine a un charme étrange et pénétrant qui saisit l'âme et ne la lâche plus. Dans une course sur la steppe sans fin, le voyageur comme s'il naviguait sur une mer à perte de vue, éprouve :

The exulting sense, — the pulse's maddening play,
That thrills the wanderer of that trackless way.

L'exaltation, — le jeu folâtre du pouls,
Qui anime le voyageur sur cette route sans traces.

Voici une pièce du poëte Mickiewicz qui donnera une idée de la steppe, cette mer à la fois silencieuse et vivante :

Sonnet.

Je me suis élancé sur l'immensité d'un océan sec. Comme une barque plonge à moitié dans l'eau, le char s'enfonce

dans la verdure. Au milieu d'une mer de prairies murmu-
rantes, sous un déluge de fleurs, j'évite des massifs sem-
blables à des îles de corail.

Mais déjà l'obscurité s'étend; plus de sentiers, plus de
tertres. Je regarde au ciel; je cherche les étoiles, guides des
navires. Est-ce un nuage qui brille? et là-bas, est-ce l'aube
qui se lève? Non; là, c'est le Dniester qui brille; là, c'est le
phare d'Akerman qui se lève.

Arrêtons! quel silence! j'entends voler des grues que l'œil
du faucon ne distinguerait pas. J'entends où le papillon se
balance sur un brin de gazon ;

Où le serpent frôle l'herbe de sa poitrine lisse. Dans un
tel silence, tant je dresse l'oreille avidement, j'entendrais
une voix de la Lithuanie... Allons, personne n'appelle.

J'entends également répéter autour de moi que la
population ukrainienne, appelée aussi petit-russe et
ruthène, est la plus poétique, la plus musicale et la
plus artiste de toutes les populations slaves.

A l'Ukraine appartenaient les Cosaques appelés
Zaporogues, si célèbres par leur organisation répu-
blicaine et militaire, par leurs guerres contre les
Tartares et les Polonais, et par leurs expéditions de
pirates, qu'ils sont poussées plus d'une fois jusqu'au
Bosphore de Thrace.

Les poëtes polonais et plusieurs écrivains russes
ont célébré les charmes naturels de l'Ukraine et les
aventures de ses Cosaques. Les Ukrainiens ont aussi
dit eux-mêmes leur mot. Le plus célèbre de leurs

poëtes, Taras Schevtchenko, était fils d'un paysan et serf lui-même. Affranchi, il se sentit poëte :

« La Muse sévère de l'Ukraine a fui longtemps mon âme maltraitée et détériorée à l'école, dans l'antichambre, dans les auberges pendant les voyages et dans les maisons meublées.

« Aussitôt que le souffle de la liberté eut rendu à mes sentiments la pureté de mon enfance passée sous le pauvre toit paternel, la Muse m'accueillit avec tendresse et m'abrita dans son sein en ce lointain pays. »

Il a chanté l'Ukraine et les Cosaques.

Ukraine, Ukraine,
O ma mère, ma petite mère !
Ton souvenir, ô mon pays,
Me fait languir le cœur.
Hélas ! où son' tes braves Cosaques,
Et leurs rouges tuniques ?
Qu'est devenue ta liberté ?
Et tes queues de cheval et tes atamans ?
Qu'est devenu..... Tout a brûlé !

. . . .

Eh ! la mer azurée n'a-t-elle pas aussi
Noyé tes montagnes et tes glorieux tombeaux ?

. . . .

Les montagnes se taisent. — La mer continue de jouer,
Les tombeaux rèvent leurs chagrins.
Et sur les fils des Cosaques
Dominent les infidèles.

Joue donc, ô mer. — Gardez le silence, montagnes
Champs, rêvez toujours !
Et vous, enfants des braves cosaques,
Pleurez, — car c'est votre sort.

Quoi de plus capable d'inspirer le poëte ukrainien que les hardis écumeurs de la mer Noire et du Bosphore?

Notre ataman, Hamalia,
L'ataman acharné,
Rassemble ses braves et s'embarque
Pour voguer sur la mer Noire.
Il va chercher la gloire;
Et pour de la captivité turque,
Délivrer ses frères.

Il arrive Hamalia
Jusqu'à cette Scutari (1)
Où nos frères les Zaporogues sont retenus
Et attendent le supplice.
— Oh! s'écrie Hamalia,
Nous vivrons, mes frères,
Nous vivrons et nous boirons le vin,
Pour battre les janissaires,
Et avec des tapis et du velours
Couvrir nos cabanes! —

Ils s'élancent, les Zaporogues,
Pour couper le seigle aux champs.
Ils coupaient le seigle et ils le mettaient en meules.
Et ils chantaient en chœur :

Gloire à toi, Hamalia,
Par tout ce vaste monde,
Par toute l'Ukraine ;
Car n'as-tu pas laissé périr
Les camarades à l'étranger!

(1) Ville turque, vis-à-vis Constantinople.

CHAPITRE X

GALICIE.

I

A LÉOPOL. — LES RUTHÈNES.

Le magnat hongrois, le journaliste et sa fille, le
naturaliste et le professeur serbe nous avaient quittés
à Routchouk. Je laissai à Odessa mon excellent
M. White après un cordial *shake hand*. Lorsque je
quittai moi-même cette ville, j'étais seul et d'autant
plus désireux de revenir à Venise, où quelques travaux me réclamaient, que j'avais hâte de retrouver
le Frère Angelo pour lui communiquer mes impressions.

Un chemin de fer conduit d'Odessa à Lemberg, ou
Léopol, que les Polonais appellent Lwow : c'est la
capitale officielle de la Galicie autrichienne. On y
parle français dans les hôtels, parce que c'est le grand
passage des Roumains. Si vous n'avez l'air ni d'un
Allemand, ni d'un Slave, on vous inscrit, sans crier
gare, comme propriétaire en Moldavie.

Lemberg est gaie et animée. Comme toutes les villes d'Autriche, elle est dotée d'une citadelle qui la domine, pour le cas où le besoin d'un bombardement se ferait sentir : il y a peu de villes dans l'empire qui n'aient eu occasion d'éprouver l'efficacité de ce mode de persuasion. Les Dames du Sacré-Cœur ont un pensionnat à Lemberg. En revanche, il y a beaucoup de juifs.

Après une visite à l'archevêque des Arméniens unis et à celui des Ruthènes unis, j'assiste à la messe dans la cathédrale de ces derniers, laquelle est dédiée à saint Georges. L'office est selon le rite grec, mais avec quelques usages particuliers; il n'y a pas d'iconostase, et les prêtres sont rasés. On me dit que dans la Hongrie septentrionale, où se trouvent des Ruthènes unis, les prêtres catholiques portent la barbe et le costume oriental. Cette différence résulte de ce que le concile provincial de Zamosc, qui a réglé en 1721 quelques points de discipline et de rite, n'est pas applicable en Hongrie.

Un chanoine me montre l'Institut national ruthène.

La Galicie compte environ cinq millions d'habitants, et à peu près autant de Polonais que de Ruthènes. La partie occidentale est toute polonaise; la partie orientale est mixte.

Les Ruthènes sont compris dans l'organisation provinciale de la Galicie polonaise. Cette population est peu connue de l'Europe, à qui elle a été masquée par les Grands-Russes et par les Polonais. Elle forme une masse compacte qui commence aux Karpathes et qui s'étend fort loin à l'est, où elle occupe les deux rives de la vallée du Dniéper sous le nom d'Ukraine.

Dans la portion de la Ruthénie qui faisait partie de la Pologne, la noblesse, grande et petite, s'est polonisée et a passé au rite romain, tandis que le reste de la population a conservé le rite grec en langue slavonne, et, en partie, a adopté l'union catholique. Telle est notamment la condition de la Galicie orientale, où il y a une question sociale sous le couvert de l'origine et du rite. Les petits employés ruthènes, les prêtres et les enfants des prêtres de rite grec, jaloux de la noblesse polonisée, et tendant à se constituer eux-mêmes en caste héréditaire, ont levé le drapeau ruthène avec l'appui intermittent du gouvernement autrichien depuis Joseph II. Le ministre Stadion y a beaucoup poussé de nos jours.

La question ruthène est l'une des plus graves pour l'Europe orientale, mais l'une des plus compliquées.

Le Ruthène se considère comme différent du *Lekh* (Polonais) et du *Moskal* (Grand-Russe), comme formant une unité distincte entre la Pologne et la Russie. Il y a eu, du reste, pendant longtemps, en Lithuanie, une législation spéciale appelée le *statut lithuanien*, écrit en langue ruthène, dans le dialecte de la Russie-Blanche.

Au nombre d'environ quatre cent quarante mille, les Ruthènes habitent aussi le versant méridional des Karpathes. Ils sont catholiques de rite grec comme

les Ruthènes de la Galicie, et hostiles à la centralisation madgiare.

II

A CRACOVIE.

De Lemberg je gagne Cracovie, ancienne capitale
de la Pologne. C'est, à proprement parler, la première
ville européenne de ce côté, une ville dont l'histoire
est écrite sur des monuments impérissables, qui a eu
son moyen âge et qui a conservé sa belle parure
romane et gothique, cette gloire incomparable de nos
cités occidentales. On sort du monde de la steppe et
des nomades, du monde instable et friable de l'Europe
orientale. On respire, on se sent chez soi, comme artiste...

Cracovie possède beaucoup de monuments anciens.
Sur une petite élévation appelée le mont Vavel, je
visite l'ancien palais des rois de Pologne : les Autrichiens en avaient fait, selon leur habitude, une
caserne. La caserne est le symbole moderne de la
domination. (Il n'y en a pas une seule sur toute la
côte adriatique qui appartenait aux Vénitiens.) Du
Vavel, l'œil découvre les tumulus élevés en l'honneur
de Cracus, de Wanda et de Kosciuszko : ce dernier est

formé de terre apportée de tous les palatinats de la
Pologne. La cathédrale est gothique, et même romane
dans quelques parties de la crypte : elle contient dans
les chapelles des monuments appartenant pour le
style à l'époque de chacun des rois qui les ont élevés.
On restaurait alors une chapelle couverte de peintures
byzantines exécutées sur l'ordre d'une reine qui
était de rite grec. Un vieux prêtre me montre le
trésor, et nous visitons ensemble la crypte qui
contient les tombeaux de Sobieski, du maréchal Ponia-
towski et de Kosciusko. Le prêtre, en me conduisant
sur les rampes du Vavel, récite ces vers d'un poëte
polonais :

> Si tu veux voir ce que récèle
> Notre passé dans son sein ;
> Si tu veux voir l'éclat de notre ancienne gloire,
> Frère, va à Cracovie.

L'un des monuments les plus curieux de cette ville
est une grande construction de style romano-byzantin
qui était l'asile ou la halle des drapiers du temps du
roi Casimir : c'est un établissement analogue au
Fundaco dei Turchi à Venise.

A côté est l'église gothique de Notre-Dame, qui
contient au fond du chœur un immense triptyque,
sculpté en bois par un artiste cracovien, Vitus Stoss,
dans le style de la fin du moyen âge. Avec la halle des
drapiers, c'est l'œuvre d'art la plus intéressante de

Cracovie. Le triptyque reproduit l'histoire de la sainte Vierge. J'y retrouve la même habileté d'exécution un peu naturaliste que dans les œuvres de cette époque en Allemagne et dans les Flandres, mais il n'y a dans les types aucune trace de vulgarité : les figures y sont certainement plus distinguées et d'une expression plus profonde que dans les productions allemandes ; c'est à croire que le christianisme a pénétré plus à fond dans les âmes. Il m'a paru qu'il y avait quelque chose de la nature polonaise dans cette *gracilité* et dans cette *flébilité*...

Les Cracoviens se sont imposé de lourds sacrifices pour réparer leur beau triptyque. La restauration a été faite sous la direction d'un artiste polonais par des ouvriers polonais. Tout le monde s'y est intéressé et s'en préoccupait. C'est ainsi que le musée national a été aussi formé avec le concours de tous. L'une des anciennes portes, celle de Saint-Florian, a été réparée : on me racontait que les maçons eux-mêmes n'ont pas voulu recevoir la paie ordinaire ; on leur donnait seulement la nourriture.

Cette porte se rattache à un système de remparts qui subsiste encore presque entièrement. La vieille muraille est entourée d'un boulevard planté de grands arbres qui enserre la vieille cité jagellonne d'une riante ceinture verte. L'intérieur est sérieux, et dans quelques parties un peu morne. Les habitations seigneuriales sont plutôt sévères qu'élégantes. Comme particularité de construction, je signalerai que les

murs sont plus larges à la base qu'aux étages supérieurs, qui sont ainsi légèrement en retrait par une
pente très-douce, mais facilement perceptible. Cette
disposition originale donne aux bâtiments un aspect
très-respectable de solidité et de durée.

Il ne faut jamais visiter une ville sans lui demander quel est son saint. Le saint de Cracovie est
saint Stanislas.

III

SAINT STANISLAS.

Stanislas naquit en 1035. Il étudia à Paris le droit
canonique et la théologie. A son retour de France, il
vécut d'abord dans la plus grande amitié avec le roi
Boleslas, qui demanda au Pape et obtint pour lui
l'évêché de Cracovie. Stanislas avait alors trente-six
ans.

Boleslas de Pologne parcourut en vainqueur la
Poméranie, la Hongrie, la Bohême et la Russie méri-
dionale. Jusque-là, il s'était montré le digne fils de
Casimir, de ce roi qui avait été tiré du monastère de
Cluny pour régner en Pologne, et le digne ami de
Stanislas. Un séjour de sept ans à Kiew, grande ville,
que le commerce de l'Orient avait rendue opulente,
corrompit ses mœurs et changea son caractère : il

s'adonna à la mollesse et à la volupté; il devint orgueilleux et cruel.

Pendant la longue absence de Boleslas et de l'élite de la nation, les femmes et les filles des chevaliers s'étaient adonnées à un genre de vie qui ne rappelle en rien la constance de Pénélope. Avec leur complicité, des gens sans aveu ou de basse condition s'étaient installés dans les châteaux et s'emparaient de tout ce qui avait appartenu aux absents. Comme les chevaliers abandonnaient successivement le roi à Kiew pour aller remettre l'ordre dans leurs maisons souillées, Boleslas fut aussi obligé de revenir. La répression du désordre fut dure au delà de ce qu'on pourrait imaginer. On commit alors, avec des raffinements de cruauté, des horreurs inouïes en Pologne; mais, tout en réprimant avec cette rigueur les excès d'autrui, Boleslas n'avait pas renoncé pour son propre compte à la vie désordonnée qu'il avait menée à Kiew. Il enleva la femme d'un chevalier et vivait publiquement avec elle.

L'évêque Stanislas n'hésita pas à se rendre auprès du roi et à lui reprocher sévèrement ce scandale; mais il ne réussit qu'à exciter l'animosité du nouvel Hérode, qui ne laissa échapper aucune occasion de persécuter le nouveau Jean-Baptiste.

L'évêque avait acheté un village d'un nommé Piotrovin, qui mourut bientôt. La famille du vendeur prétendit que le prix n'avait pas été acquitté. Comme il arrivait souvent à cette époque, Stanislas n'avait pas pris un reçu par écrit, et les témoins, qui auraient pu attester le fait, n'osaient comparaître devant le roi, tant était grande la terreur qu'il inspirait. Boleslas était assuré du succès de sa vengeance, lorsque Stanislas, s'étant mis en prière, obtint de Dieu la grâce d'amener devant le tribunal un témoin irrécusable. Quelle fut la terreur des assistants, lorsque, l'évêque découvrant le drap qui cachait le témoin, on reconnut Piotrovin, qui, rendu à la vie, vint attester qu'il avait vendu le village et qu'il en avait touché le prix! Il retourna ensuite dans son tombeau. Le pape Innocent IV ne parle pas, dans la bulle de canonisation, de ce miracle qui ressemble beaucoup à la légende de saint Fridolin, mais le fait est accepté par la tradition. Anorbe l'a placé dans son drame : *La brebis contre son pasteur.*

Cependant Stanislas, désespérant de ramener le roi à la régularité, fut obligé de l'excommunier : on fermait l'église à son approche; on interrompait le service divin quand Boleslas entrait de force. Blessé dans son orgueil, et jaloux de son autorité, le roi voyait partout des conspirations qui n'existaient pas, et il accusait l'évêque de tout ce trouble, au lieu d'en accuser le scandale de sa conduite. On prévoyait une catastrophe, car la pureté de Stanislas ne permettait pas de supposer qu'il se relâchât de ce qui était son strict devoir. Afin de prévenir un nouveau crime, il se cachait dans les environs de Cracovie. Le roi apprend un jour que Stanislas officie à Saint-Michel dans un endroit isolé. Il fait cerner l'église, il y entre et trouve l'évêque célébrant la messe. Aucun de ceux qui entourent le prince n'ose, malgré ses ordres, porter la main sur le pontife. Alors Boleslas s'avance, tire son sabre et frappe lui-même Stanislas, qui tombe sous le coup. Les gens de la suite l'achèvent et hachent le corps en morceaux.

Le siége de Saint-Pierre était alors occupé par l'homme qui a maintenu l'autorité morale de l'Église au-dessus de tout pouvoir politique en Europe. Quoique Boleslas de Pologne eût soutenu la cause de la Papauté contre l'Empire, Grégoire VII (c'était lui) lança l'anathème sur le meurtrier, le déclara déchu du trône, retira le titre royal même à ses successeurs, et défendit à tout évêque de les sacrer sans une autorisation du Pape.

Il se passa alors un fait qui fit briller la majesté et la grandeur de l'Eglise avec encore plus de force et d'éclat que la pénitence publique de Henri II dans le siècle suivant, pour le meurtre de saint Thomas de Cantorbéry.

Après l'excommunication, les Polonais restaient tranquilles. Il n'y eut aucune révolte; mais le roi, plein de rage et troublé dans son esprit, voyait des ennemis partout. Deux années ne s'étaient pas écoulées que Boleslas abandonnait volontairement la Pologne, sans être chassé ni poursuivi par personne. Il se réfugia d'abord à la cour de saint Ladislas, roi de Hongrie, qui lui devait sa couronne et qui le reçut avec bonté, quoique le fugitif le traitât avec orgueil.

Boleslas cherchait à calomnier saint Stanislas jusqu'au moment où, touché enfin de repentir, il se retira dans le couvent d'Ossiak en Carinthie. Là il vivait inconnu des moines et occupé des plus vulgaires services : la grâce avait vaincu ce cœur intraitable. Le royal *Eautontimoroumenos*, le vainqueur de Kiew, mourut obscurément à Ossiak. On éleva sur sa tombe un monument dont il subsiste quelques débris.

Henri II, par sa pénitence publique, avait sauvé la dynastie des Plantagenets. Boleslas, par son impénitence, attira de grands maux sur la Pologne, qui, d'après le décret de Grégoire VII, cessa d'être un royaume. Au moyen âge, c'est la papauté qui constitua en un corps viable les différentes nations, lorsqu'elle les érigea en royaumes ou permit qu'on les érigeât. Les royaumes de Croatie, de Serbie et de Bulgarie n'ont pas une autre origine. Privée de cette sanction d'en haut, l'unité polonaise se rompit, le pays fut livré à l'anarchie, au désordre, et divisé en apanages, d'après la loi commune qui reprenait alors son effet. L'Eglise, qui planait au-dessus des démembrements princiers, fut le seul lien de la nation. L'archevêque de Gnesen réunissait des synodes où des laïques étaient aussi appelés et qui rendaient des décrets obligatoires dans toute la Pologne sous peine d'anathème. Ces synodes furent l'origine du sénat, qui en a tiré son prestige.

Cependant le corps de saint Stanislas resta pendant neuf ans dans la petite église de Saint-Michel en dehors de la ville. Il fut transporté, le 27 septembre 1088, dans la cathédrale de Cracovie, où il repose encore sous un monument d'argent massif. La politique dynastique des successeurs de Boleslas entrava la canonisation jusqu'au règne de Boleslas le Pudique. Après trois enquêtes minutieuses, le pape Innocent IV prononça la canonisation en 1253. Bientôt après, Przemyslas, un des princes qui assistaient aux fêtes de la canonisation, obtint en sa faveur la levée de l'interdit prononcé par Grégoire VII sur la couronne de Pologne. Il fut couronné roi, et les apanages entre lesquels le royaume était divisé, disparurent peu à peu.

Le meurtre de saint Stanislas en Pologne et celui de saint Thomas en Angleterre cimentèrent pour des siècles la liberté du sacerdoce. Dans d'autres pays de l'Europe, la lutte éclata avec la même violence entre la force matérielle et la religion. Il y eut aussi des catastrophes sanglantes, mais le résultat ne fut pas partout le même. La piété, la pureté des mœurs, l'ascétisme, l'orthodoxie, le martyre même, ne suffirent pas à empêcher les portes de César de prévaloir contre la religion.

V

LA GALICIE MILITAIRE.

Pendant mon séjour en Galicie, j'entends discuter avec animation une question stratégique.

En 1849, les Russes ont pénétré avec la plus grande facilité au cœur de la Hongrie en traversant la Galicie. Le 17 juin, le maréchal Paskievitch franchissait les Karpathes; le 18, il arrivait à Barfeld sur la Topla, l'un des affluents de la Theiss; le 3 juillet, il entrait à Debreczyn. Déjà le général Grabbe occupait à l'ouest le pays arrosé par le Waag et le Gran, affluents du Danube. Le 29 juin, le général Lüders était entré de Valachie en Transylvanie par le défilé de la Tour-Rouge. La Hongrie était à la discrétion de l'envahisseur, qui n'eut qu'à faire manœuvrer dans les plaines pannoniques de grandes masses de cavalerie. Les Russes arrivaient alors en amis du gouvernement viennois; mais s'ils s'étaient présentés en ennemis, aurait-on pu les arrêter?

La dernière guerre avec la Prusse donna à réfléchir dans un autre sens. Les Prussiens débouchant par Breslau et Oderberg, la simple occupation de cette ligne neutralisa complétement le corps qui se trouvait en Galicie, et l'armée envahissante vint menacer Presbourg.

La Galicie devait-elle donc être considérée ou comme une avenue de passage pour les Russes, ou comme une souricière où l'ennemi, en postant quelques divisions à l'issue occidentale, pouvait neutraliser toutes les forces qu'on aurait eu la naïveté d'y laisser? Dans ces conditions, ne fallait-il pas abandonner systématiquement la défense de cette grande province ?

On croit aujourd'hui qu'avec des lignes de ravitaillement et de retraite la Galicie peut devenir, au contraire, une position stratégique, une galerie avancée, appuyée sur les Karpathes et propre à la défense comme à l'attaque. Les chemins de fer construits ou en construction vont, en effet, changer complétement les conditions stratégiques de cette province. Une ligne partant de Pesth touche Debreczyn, Kaschau, Eperies, traverse les Karpathes par le défilé de Doukla et vient joindre le chemin de fer qui longe toute la Galicie. Il y a deux points de jonction : Tarnov à l'ouest et Przemysl à l'est. Des travaux de fortification vont être exécutés à Przemysl. Une deuxième ligne, partant de Kaschau va trouver à Oderberg le railway de Cracovie-Vienne. Une troisième ligne, se dirigeant de Kaschau, par le nord-est, ira par Stry en Galicie. Enfin une quatrième, courant vers l'est, part de Debreczyn, remonte la vallée de la Theiss, franchit les Karpathes et rejoindra le chemin de fer de la Galicie-Boukovine à Soutchava.

Voici donc quatre chemins de fer pour arriver en Galicie, ou pour s'en retirer : au centre, par Doukla et Stry ; aux deux extrémités par Cracovie et Soutchava.

CHAPITRE XI

BOHÊME

I

LE VICHEGRAD.

Prague est certainement la ville la plus belle et la plus curieuse de l'Europe centrale. Un volume ne suffirait pas à en décrire les beautés naturelles et les monuments, ni à rappeler tous les souvenirs historiques qui lui donnent un intérêt et un charme irrésistibles.

Voici la colline du Vichegrad, c'est-à-dire la ville ou forteresse haute. A ses pieds coule la rivière Moldava, autrefois appelée Veltava. Au Vichegrad se rattachent les traditions païennes et à peine historiques. Là-haut, dans les temps héroïques, était le palais de la princesse Louboucha, qu'enveloppe le prestige de la poésie surtout depuis la découverte d'un chant célèbre.

Fidèle à la méthode suivie dans le cours de ce récit, nous allons donner intégralement le *Jugement de Louboucha*. Cette princesse était fille de Krok, qui est regardé comme un descendant de Samo, chef d'une confédération slave au VIIe siècle (1). Cette descendance est incertaine, mais non pas improbable, puisque Samo, qui était Français, avait épousé douze femmes et laissa trente-neuf enfants. Krok eut seulement trois filles. Peut-être les deux vierges qui apparaissent dans le *Jugement*, à côté de Louboucha, sont-elles ses sœurs.

Le *Jugement de Louboucha* est un procès. Ce n'est pas le seul poëme qui repose sur une telle donnée, La chanson française de *Raoul de Cambray*, l'une des plus belles, n'est rien qu'un procès de droit féodal.

Grande fut l'émotion dans tout le pays, lorsqu'en 1817 et en 1818 on découvrit à Kralove-dvor et à Zelena Hora toute une série de vieux chants nationaux. A Kralove-dvor, c'était le reste d'un trésor national, bien plus précieux sans doute, dont les Hussites s'étaient servis pour empenner leurs flèches. Ces manuscrits sont les plus précieux joyaux du musée national tchèke, autrement dit bohême.

Le Jugement de Louboucha.

Ah! Veltava, pourquoi troubles-tu ton eau?
Pourquoi troubles-tu ton eau à l'écume d'argent?
Les vents méchants t'ont-ils embrouillée,
En lançant du vaste ciel les orages,

(1) Voir sur Samo le chapitre intitulé : *Slovénie*.

En mouillant les têtes des montagnes vertes,
En lavant de l'argile le sable aurifère?

— Comment ne troublerais-je pas mes eaux
Quand des frères se querellent,
Des frères pour l'héritage paternel?
Ils se querellent entre eux cruellement,
Le méchant Chroudosch, de l'Oltava sinueuse,
De l'Oltava sinueuse et aurifère,
Et le brave Staglav, de la froide Radbouza,
Tous deux frères, tous deux Klenovitch,
De l'antique famille de Tetva de Popiel,
Qui vint avec les tribus, avec les Tchèkes,
A travers trois rivières dans cette terre fertile.

Une hirondelle amie arriva en volant;
Elle arriva en volant de l'Oltava sinueuse.
Elle se pose sur la large fenêtre
Du palais doré et patrimonial de Louboucha,
Elle se pose sur la fenêtre, dans le saint Vichegrad;
Elle s'afflige et gémit tristement.
Quand sa sœur l'entend,
Sa sœur, dans le palais de Louboucha,
Dans l'intérieur du Vichegrad, elle prie la princesse
De rendre justice pour le redressement,
De citer les deux frères devant elle,
Et de les juger d'après la loi.

La princesse ordonne d'envoyer des messagers,
A Sviatoslav, de la blanche Loubitza,
Où sont de jeunes forêts de chênes;
A Loutobor, du sommet de Doubroslav,

Où l'Elbe boit l'Orbitza ;
A Ratibor, de la montagne des Géants,
Où Trut tua le dragon méchant;
A Radovan, du pont en pierres :
A Jarogiv, des sommets torrentueux ;
A Strézibor, de la froide Sazava :
A Samorod, de la Mja, qui roule l'argent;
A tous les Kmètes, les Lekhs et les Vladiks (1),
Et aussi aux frères Chroudosch et Staglav,
Qui se querellent pour l'héritage paternel.

Quand les Lekhs et les Vladiks sont rassemblés
Dans le Vichegrad.....
Et qu'ils se sont placés suivant leur naissance,
Entre la princesse, en blanc brillant;
Elle s'asseoit sur le trône paternel dans la glorieuse as-
[semblée.

Deux vierges renommées apparaissent,
Habiles dans les divinations héroïques.
L'une tient les tables de la loi ;
L'autre, le glaive qui punit les injustices.
Devant elles est la flamme qui témoigne de la vérité ;
A leurs pieds est l'eau sainte, merveilleuse.

Du trône doré de ses pères la princesse commence :
« O mes Kmètes, Lekhs et Vladiks,
« Rendez la justice entre les deux frères
« Qui se querellent pour l'héritage,

(1) Par *Vladiks*, il faut entendre les chefs de familles patriarcales et propriétaires du sol. Les *Lekhs* sont la noblesse guerrière. Les *Kmètes* sont les conseillers de la princesse.

« Qui se querellent entre eux pour l'héritage paternel.

« D'après la loi des dieux éternels,

« Ils doivent le gouverner tous les deux en commun,

« Ou le partager en portions égales.

« Mes Kmètes, Lekhs et Vladiks,

« Confirmez mon jugement,

« S'il vous paraît conforme à votre raison,

« S'il ne vous paraît pas conforme à votre raison,

« Faites une autre combinaison

« Par laquelle les frères désunis soient accommodés. »

Les Lekhs et les Vladiks s'inclinent
Et commencent à parler à voix basse,
A parler à voix basse entre eux.
Et ils approuvent la décision de Louboucha.

Alors se lève Loutobor, du sommet de Doubraslav,
Et il dit ces paroles :
« Glorieuse princesse, qui sièges sur le trône doré de tes
[pères !
« Nous avons examiné ta décision,
« Recueille les voix parmi ton peuple. »

Et les vierges du tribunal recueillent les voix,
Elles les recueillent dans l'urne sacrée,
Et les donnent aux Lekhs à proclamer.

Alors se lève Radovan, du pont de pierre.
Il commence à compter les voix
Et à les proclamer dans l'assemblée de la nation,
Au milieu de la nation pour prononcer le jugement suprême.
« Vous, les deux frères, fils de Klen,
« De l'antique famille de Tetva de Popiel,

« Qui vint avec les tribus, avec les Tchèkes, ·
« A travers trois rivières dans cette terre fertile,
« Accordez-vous ainsi sur l'héritage :
« Qu'il soit gouverné par tous deux en commun. »

Alors Chroudosch, de l'Oltava sinueuse, se lève.
Ses entrailles ont bouilli dans le fiel ;
Tous ses membres tressaillent de colère ;
Il brandit la main ; il mugit comme un jeune taureau.
« Malheur aux oiseaux quand le serpent se glisse au milieu
[d'eux !
« Malheur aux hommes auxquels une femme commande !
« C'est à l'homme à commander à l'homme.
« Le droit est de donner l'héritage à l'aîné. »

Louboucha se lève du trône doré de ses pères :
Elle dit : « Kmètes, Lekhs et Vladiks !
« Vous entendez quel outrage pour moi !
« Jugez vous-mêmes d'après les règles du droit.
« Je ne jugerai plus vos querelles à l'avenir.
« Choisissez parmi vous un homme, votre égal,
« Qui vous gouverne avec le fer...
« Une main de vierge est trop faible pour vous gouverner.»

Ratibor, du mont des Géants, se lève
Et il parle ainsi :
« Il est honteux a nous de chercher le droit chez les
[Allemands.
« Chez nous, le droit procède de la loi sacrée
« Que nos pères ont apportée une fois dans ce pays... »

La question qui fut débattue devant le trône doré de
Louboucha était, pour les Bohèmes, un intérêt de

premier ordre, lequel, pour avoir changé de forme, est encore plus vivant aujourd'hui. Le *Jugement de Louboucha* est la première manifestation de la Bohême contre la germanisation : le partage égal est slave ; le droit d'aînesse est allemand.

Après l'aventure qui est racontée dans le poëme, Louboucha épousa Premysl. De cette union sortit la première dynastie bohême, qui dura jusqu'à l'avénement des Luxembourg au xive siècle.

II

LE HRADSCHINE.

De l'autre côté de la Veltava ou Moldava, est une colline encore plus célèbre que le Vichegrad, c'est le Hradschine, que couronnent comme une auréole le souvenir et la présence des saints.

En 890, saint Méthode convertit à la religion chrétienne Borzivoï, duc de Bohême, et laissa auprès de lui le prêtre Cayk. La princesse Ludmila, la femme de Borzivoï, se convertit l'année suivante. Après la mort de leurs deux fils qui avaient régné successivement, Ludmila fut appelée par les grands à la régence de ses deux petits-fils, dont l'aîné devait être saint Venceslas ; mais la mère des deux jeunes princes, nommée Dragomira, qui était païenne, ne put supporter que ses enfants fussent élevés dans le christianisme; elle trama des complots pour ôter la vie à Ludmila. Afin de se dérober à la fureur de sa bru et de lui ôter l'occasion d'un crime, la veuve de Borzivoï se retira auprès de Prague, dans le château de Tétin, où elle se livra exclusivement à des exercices de piété. Prévoyant que la haine du christianisme la poursuivrait dans cette retraite, elle se préparait au martyre par le jeûne, la prière et les aumônes, sous la direction du disciple de saint Méthode, le prêtre Cayk, qui l'avait suivie. Peu de temps après, Ludmila fut étranglée par des émissaires de sa belle-fille.

L'idolâtrie triompha de nouveau dans la cour de Prague; les églises chrétiennes furent fermées et les prêtres dispersés; mais ni la tyrannie de sa mère, ni les persécutions dirigées contre ses précepteurs ecclésiastiques ne purent ébranler la constance du jeune Venceslas dans la religion de son père, de son grand-père et de Ludmila, sa grand'mère.

La persécution contre l'Église fit place, sous son règne, à une nouvelle expansion du christianisme, favorisée par la piété et la bonté du duc.

Cependant, depuis la mort de Ludmila, des miracles s'opéraient sur son tombeau, et le peuple y accourait en foule. Venceslas conçut le projet de faire transférer à Prague les restes de sa grand'mère. Les moines et les prêtres qui y avaient été envoyés, se mirent à creuser la terre et y trouvèrent les planches du cercueil entièrement pourries. Ils en conclurent que le corps était en corruption, et ils s'apprêtaient à combler l'ouverture, lorsque le prêtre Cayk les obligea à exécuter jusqu'au bout les ordres de Venceslas. Ayant soulevé le couvercle pourri du cercueil, ils trouvèrent le corps de la sainte tout entier et sans la moindre apparence de corruption. Un messager alla porter la nouvelle au prince, qui sortit avec la procession du clergé et des fidèles au-devant du sacré convoi. Les prêtres portèrent le précieux fardeau sur leurs épaules jusqu'à l'église de Saint-Georges, qui avait été bâtie par Vratislas, le second fils de Ludmila et père de Venceslas. Le corps fut exposé à tous les yeux, pour que le peuple pût en voir la miraculeuse conservation.

Au moment où l'on se disposait à descendre la relique à l'endroit qui avait été préparé dans l'église, une eau jaillit et inonda la fosse; l'inhumation ne put avoir lieu. On se rappela alors que l'église de Saint-Georges n'avait pu encore être bénite; les guerres avec l'Allemagne en avaient empêché la consécration, qui aurait dû être faite par l'évêque de Ratisbonne. (Il n'y eut un évêque à Prague qu'en 973.) Il fut reconnu, et l'on y vit un nouveau témoignage de sainteté, que Ludmila ne voulait pas reposer en terre profane. Le coadjuteur de Ratisbonne vint consacrer l'église. La sainte fut déposée dans la fosse même d'où la source avait jailli, mais qui s'était tarie depuis la consécration.

Venceslas éleva ensuite, sur le mont Hradschine, une cathédrale qu'il dédia à saint Vite, dont on y trouve les reliques.

Saint Vite a été martyrisé en Sicile sous le règne de Dioclétien, avec son précepteur et sa nourrice. On le représente avec les attributs du martyre et en costume princier. Dans une peinture de Hans Holbein, qui est au musée royal de Berlin, il figure vis-à-vis sainte Marguerite tenant à la main une chaudière, instrument de son supplice.

Nous rencontrons encore ici un souvenir de la France. Au temps du glorieux roi Pépin, Fulard, abbé de Saint-Denis, allait à Rome pour chercher des reliques. Un de ses parents, qui ne savait comment consacrer sa fortune à Dieu, pria l'abbé de le mener avec lui. Ayant obtenu les reliques du jeune martyr de Sicile (*corpusculum beatissimi pueri et sacratissimi martyris Viti*), il le transporta dans son patrimoine et lui éleva une église, où il s'opéra de nombreux miracles. A sa mort, les précieux restes furent déposés dans l'abbaye de Saint-Denys.

Cependant Charlemagne avait fondé des monastères dans la Saxe conquise, en s'adressant aux moines de Corbie, qui établirent la *Nouvelle Corbie* auprès de Paderborn.

En 836 Warinus, abbé de la Nouvelle Corbie, obtint que les reliques de saint Vite fussent transférées des rives de la Seine sur celles de Weser. La translation eut lieu au milieu d'un concours immense de clergé et de peuple. La procession allait d'une église à l'autre et les reliques étaient déposées chaque soir dans un sanctuaire, où les populations passaient la nuit en prières. Cette marche triomphale était signalée par d'innombrables miracles. L'enthousiasme fut si grand que les habitants des contrées éloignées accouraient sur le passage; les villages restaient déserts.

L'éclat et le retentissement extraordinaires de cette translation expliquent que les Slaves aient adopté saint Vite quand ils en possédèrent les reliques, comme les Vénitiens ont adopté saint Marc pour une raison toute semblable. C'est sous Venceslas qu'une partie de ces reliques fut transférée à Prague, où Charles IV rapporta ce qu'il en était resté en Italie. Depuis le moyen âge, la mémoire de saint Vite occupe une grande place dans l'imagination populaire. On raconte qu'un roi de Bohême, entendant une nuit des chants dans l'église, s'y rendit et vit une procession de tous les saints slaves portant le corps de saint Vite. Il fut tellement frappé du chant qu'il put le retenir, et depuis lors une procession a eu lieu chaque année, à l'anniversaire de cette nuit, en l'honneur de saint Vite, et l'on y chante l'hymne entendue par le roi. Le nom de saint Vite se retrouve partout parmi les Slaves du Sud. Rieka ou Fiume s'appelle Rieka de saint Vite. La ville de Saint-Weit a été longtemps la capitale de la Carinthie. La bataille de Kossovo, perdue par les Serbes en 1389, s'appelle le *Vidovdan*, parce qu'elle a été livrée le jour de saint Vite.

Venceslas fut assassiné par son frère le 28 septembre 936, à Altbundzlau, devant l'église des Saints-Cosme-et-Damien. La terre et les murs de l'église étaient teints de son sang. On les lava en vain : les taches reparaissaient le lendemain. Il fallut renoncer à effacer les traces qui témoignèrent du martyre pendant plusieurs siècles. Tous ceux qui avaient pris part au crime furent poursuivis pendant cette vie par la vengeance céleste. Les uns s'enfuirent, comme des possédés, dans les lieux déserts, où ils finirent misérablement. D'autres furent consumés par la maigreur; le desséchement les conduisit au tombeau. On en vit mourir dans les transports de la rage, grincer les dents et aboyer.

Quelle fut la fin de celle qui avait été l'instigatrice de toutes ces persécutions et de tous ces meurtres, la mère de saint Venceslas, la païenne Dragomira? Suivant une croyance populaire, le cocher qui la conduisait, passant devant une église au moment de la consécration, avait arrêté les chevaux pour descendre et s'agenouiller. Dragomira maudit son cocher; mais pendant qu'elle blasphémait, la terre s'entr'ouvrit sous ses pieds, et elle fut engloutie vivante, comme Coré, Dathan et Abiron. Il existait au Hradschine une église dédiée à saint Mathieu, qui, dit-on, avait été bâtie au lieu où la vengeance céleste atteignit Dragomira. Cette église a été démolie au temps de Joseph II.

La fondation du premier évêché de la Bohême rappelle aussi des souvenirs qui ne doivent pas être oubliés à Prague. Nous avons vu, à propos de la consécration de Saint-Georges, que la Bohême dépendait de l'évêché de Ratisbonne, ce qui dura de 845 à 972.

Le duc Boleslas le Pieux ayant voulu pourvoir aux besoins spirituels de son peuple, il fallut obtenir l'assentiment de l'évêque de Ratisbonne.

Depuis la mission des saints Cyrille et Méthode, les évêques allemands avaient trop souvent, dans leurs rapports avec les Slaves, montré un esprit de domination mondaine que Rome avait dû plusieurs fois réprimer. Le chapitre de Ratisbonne opina contre le démembrement du diocèse; mais le siége était alors occupé par un saint, l'évêque Wolfgang. Le serviteur de Dieu dit : « Nous apercevons une pierre précieuse « cachée dans la terre de Bohême, et, en considéra- « tion des choses vénales, nous voulons l'y laisser « enfouie. Or, écoutez ce que je vous dis : Je sacri- « fie avec joie moi et tout ce qui est à moi, pour que « la maison de Dieu soit édifiée là-bas dans une église « plus forte. »

Ici intervient encore une douce figure de femme : c'est Mlada, la fille de Boleslas le Cruel; mais pourquoi ne pas laisser la parole au pape? « Notre fille, « écrivit Jean XIII à Boleslas le Pieux, ta parente « nommée Mlada, et aussi Marie, parmi d'autres de- « mandes dignes d'être agréées, nous a adressé de ta « part une prière douce à notre cœur... Par notre « autorité apostolique et par la puissance de saint « Pierre, dont, quoique indigne, nous sommes ce- « pendant le vicaire, nous approuvons et nous insti- « tuons canoniquement un siége épiscopal à éta- « blir dans l'église de Saint-Vite, bâtie par Ven-

« ceslas, et la constitution dans l'église Saint-Georges
« d'une congrégation de Bénédictines, sous l'obé
« dience de notre fille l'abbesse Marie-Mlada. » Ainsi,
l'arrière petite-fille de Ludmila pratiquait la vie religieuse à l'église même où la sainte avait été ensevelie
dans le miracle. Le couvent fondé par Mlada fut détruit par Joseph II ; mais l'église subsiste encore, ainsi
que le tombeau de Mlada. C'est un des plus anciens et
des plus curieux monuments de Prague.

L'évêché était fondé ; mais qu'est un siége épiscopal sans l'esprit épiscopal? Les mœurs païennes
étaient tellement enracinées qu'un saint seul était
capable d'apporter à l'évêché de Prague le prestige et
la force nécessaires pour amener ses ouailles à la vie
chrétienne. De même que saint Venceslas a sanctifié la
couronne de Bohême jusqu'à convertir son meurtrier, Voitieh a entouré la mitre de Prague de la triple
couronne de la sainteté, de l'apostolat et du martyre.

Voitieh assistait le premier évêque de Prague au lit
de mort. Dans ses derniers moments, Ditmar se reprochait avec la plus grande douleur son peu d'efforts
pour la conversion véritable de son troupeau, sa faiblesse pour les princes, sa condescendance envers les
puissants, sa timidité, son peu de zèle et d'énergie.
L'agonie de Ditmar produisit sur l'âme de Voitieh une
impression qui ne s'effaça jamais et décida le caractère
de son pontificat, lorsqu'il fut élu évêque à l'unanimité.

Ditmar était Saxon. La joie des Bohêmes fut grande
d'avoir à leur tête un évêque de leur nation, un

membre de la puissante famille des Slavnik, savant, beau, et excitant l'admiration de tous, si bien qu'à Magdebourg où il avait étudié, l'archevêque *Adalbert* lui avait donné son nom, sous lequel Voitieh est connu en Occident. Voitieh entreprit une lutte contre les habitudes païennes de son peuple, notamment contre la vente des esclaves, qui était pratiquée non-seulement par les Juifs, mais par les chrétiens.

Croirait-on que des milliers de Slaves furent à cette époque mutilés dans leur pays et vendus aux califes de Cordoue pour former une armée d'élite? Les intéressés poussaient de hauts cris aux prédications de Voitieh contre ces abominables pratiques. Le mécontentement fut encore plus vif et plus général, lorsque l'évêque voulut contraindre le clergé au célibat et obliger les grands à n'avoir qu'une femme. A l'exemple du Christ, il était plein de miséricorde pour le pécheur repentant; il fit des efforts inouïs, mais inutiles, pour empêcher la mise à mort d'une femme adultère. Comme la résistance des Bohémes devenait insurmontable et que Voitieh était non moins décidé à ne rien tolérer de ce que sa conscience réprouvait, il se réfugia deux fois à Rome, d'où il fut rappelé par les supplications du roi Boleslas, de la population et de l'archevêque de Mayence, son métropolitain. Deux fois il revint à Prague sur l'ordre du pape.

Le zèle apostolique de l'évêque ne resta pas confiné dans les limites du royaume de saint Venceslas, et l'on va voir que la Bohême chrétienne rayonna alors sur les pays voisins, où l'apostolat de son saint semait en quelque sorte la chrétienté. Étant allé en Hongrie, il y convertit, avec ses compagnons, quelques milliers de Madgiars. Il fut bien reçu par le roi Geyza et baptisa son fils nouveau-né. Cet enfant fut le roi saint Étienne.

Il prêcha aussi à Cracovie, dans l'endroit où se trouve encore aujourd'hui la petite église de Saint-Voitich. Après son second retour de Rome, il rentra en Pologne, où Boleslas le Grand l'accueillit. Fidèle à la promesse qu'il avait faite au pape de travailler à la conversion des infidèles du Nord, il partit pour le pays situé au delà de la Vistule et occupé par les Prussiens encore idolâtres.

A Dantzik, il avait congédié l'escorte armée que Boleslas lui avait donnée. Il entra un jour pour se reposer dans un bois sacré des idolâtres. Un prêtre des faux dieux le perça d'un javelot et les autres Prussiens l'achevèrent.

Boleslas de Pologne racheta des Prussiens le corps de Voitich et le fit déposer dans l'église de Gnesen. L'empereur Othon III, qui avait connu personnellement le saint évêque et en avait fait son confesseur, vint en personne à Gnesen pour honorer les reliques de l'apôtre martyr. A cette occasion, l'empereur couronna Boleslas comme roi de Pologne et institua l'archevêché de Gnesen, ainsi que plusieurs évêchés. Ainsi la Pologne doit à Voitich sa hiérarchie et son indépendance.

Les Bohêmes se repentirent de l'avoir persécuté. Or, aux temps troublés qui suivirent la mort du fils de Boleslas les Bohêmes envahirent la Pologne et rapportèrent à Prague un précieux trophée, la châsse du martyr qui avait répandu tant de gloire sur la Bohême, une gloire plus féconde et plus pure que celle des conquérants ou des politiciens.

A côté des reliques du saint roi Venceslas, la cathédrale conserve les reliques du saint évêque Voitieh.

Entre le Hradschine et le Vichegrad coule la rivière Veltava ou Moldava. Jean Népomucène y fut précipité pour avoir refusé de révéler à un roi, appelé aussi Venceslas, le secret de la confession de la reine. Le saint flotta pendant quelque temps. On vit cinq étoiles briller à l'endroit où il avait disparu et continuer à briller. Une croix entourée de cinq étoiles marque l'endroit d'où le saint fut précipité en 1383. Ses reliques ont été déposées dans la cathédrale.

III

DEVANT LA STATUE DE CHARLES DE LUXEMBOURG.

Dans la Vieille Ville, la statue de Charles IV rappelle le point culminant de l'histoire de Bohême. Le père et prédécesseur de Charles sur le trône de Bohême fut

Jean de Luxembourg, qui déclarait ne pouvoir vivre qu'en France. Il sut aussi y mourir. A la bataille de Crécy, aveugle et septuagénaire, il fit attacher son cheval par des chaines aux chevaux de deux de ses hommes, et tous les trois furent trouvés parmi les morts. Son fils Charles combattit aussi dans nos rangs et reçut trois blessures.

Jean de Luxembourg était arrivé au trône par son mariage avec la dernière descendante de Louboucha et de Premysl. Les romans de chevalerie lui avaient complétement tourné la tête. Comme il était étranger à son royaume, il ne s'y est pas plu. Ne pouvant y vivre, il servit du moins à parer la Bohême en Europe du prestige chevaleresque. En cela, il fit précisément le contraire de ce que firent plus tard les Hussites, dont les stériles agitations infligèrent à la Bohême je ne sais quelle réputation vagabonde et diabolique, d'où sont sortis le sens appliqué encore de nos jours au mot *Bohême* et la confusion des braves compatriotes de saint Venceslas et du roi Ottocar avec les Tsiganes.

Tout autre fut Charles, même après son avénement au Saint Empire. Certes, le fils de Jean de Luxembourg aimait beaucoup la France, ses coutumes, ses institutions, comme il l'a bien prouvé; mais, digne descendant de la dernière des Premyslides, il aima autant la Bohême. Il l'aima, non pas pour la défigurer par des ornements empruntés, mais pour embellir et développer son originalité native. On dit de quelques

Bretons qu'ils sont *bretonnants* : Charles a été un *Tchèke tchékisant*.

Je trouve dans ce fait historique la confirmation d'une observation que j'ai eu occasion de faire souvent parmi les artistes et les étudiants étrangers à Paris. Il y en a qui se prennent d'un bel amour pour la France. Eh bien, ce sont précisément ceux-là qui montrent alors et plus tard l'attachement le plus profond aux choses de leur patrie et le plus de dévouement à sa cause. Je n'oserais pas trop généraliser; mais j'affirme que c'est absolument exact pour les Slaves, les Roumains, les Grecs. Un vieux diplomate français, que j'ai connu en voyage, et dont l'amour commun de l'art a fait mon ami, disait que, dans ces divers pays, le parti le plus vraiment national est celui qui tend une main fraternelle à la France; mais, ajoutait tristement l'ami diplomate, nous ne répondons pas toujours à cet élan de cœur et nous y perdons un élément de force morale.

Ayant beaucoup vécu au milieu des artistes et des étudiants étrangers, j'ai remarqué, au contraire, que ceux d'entre eux qui sont séduits par l'idéal anglais ou allemand, arrivent à mépriser leur pays d'origine.

Expliquera qui pourra ces phénomènes constants : pour moi, je me bornerai à constater ce qu'on pourrait appeler la réciproque de la France. Avant d'entreprendre les voyages où j'étais entraîné par quelques nécessités de mon existence, j'avais cherché à me dégrossir pour n'avoir pas tout à fait l'air d'une corneille qui abat des noix ; j'avais lu les ouvrages écrits par des Français sur les pays que j'allais visiter. Or, je fus alors extrêmement frappé du jugement porté par les voyageurs français, sur les événements qui se passent dans cette partie de l'Europe. Il y a unité de vues et de sympathies dans l'œuvre française sur l'Europe orientale. Si l'on met de côté quelques auteurs d'ordinaire fort ignorants et qui ont été amenés, sciemment ou non, à plaider une cause toute faite, les Français sont arrivés généralement à une compréhension vraie de la vie propre aux populations de l'Europe orientale, et ils se sont constitués les défenseurs souvent chaleureux, quelquefois exagérés, des revendications de ces peuples contre leurs dominateurs étrangers. Ce résultat est d'autant plus remarquable que la nature, les aspirations des populations dans ces divers pays, diffèrent absolument de ce que nous voyons dans le nôtre, et que leur idéal est précisément l'antipode de ce que beaucoup considèrent, depuis 1789, comme la seule et dernière expression du progrès universel. Nos Français ne se sont laissé fasciner ni par les charmes décevants de l'uniformité ou de l'unification, ni par les séductions de la centralisation parlementaire et littérâtre... Ils ont dépouillé le vieil homme pour obéir à un instinct de rectitude et à un élan de sympathie.

Mais il est temps de revenir à notre cher orphelin de Crécy.

IV

LA BULLE D'OR.

Charles de Luxembourg, devenu empereur, avec l'appui du pape et du roi de France, voulut faire de la Bohême la tête du Saint Empire romain. Il n'y avait dans ce projet rien d'excessif, ni de contraire à la constitution même de l'empire jadis conféré au Frank Charlemagne par le pape de Rome, *et que Dieu avait fondé sur les trois vertus théologales.*

Cette institution, éminemment chrétienne, n'était pas encore devenue irrévocablement *une chose allemande.*

Les électeurs avaient pour mission de *donner au peuple chrétien un chef temporel, à savoir un roi des Romains, futur empereur.* Cette élection ne faisait pas un empereur; mais, aux termes de la lettre d'intimation, un roi des Romains, *qui, par la grâce de Dieu, sera créé après empereur.* Autrefois le roi des Romains ne portait le titre impérial qu'après avoir été couronné par le pape. Tout cela est pour expliquer comment le *chef du peuple chrétien* pouvait aussi bien être un roi de Bohême qu'il avait été un roi de France sous les carlovingiens. Le Bohême y avait autant de titres que tout autre prince chrétien.

Charles IV donna à l'empire la célèbre *Bulle d'or* qui commence ainsi : « Au nom de la sainte et indivi- « sible Trinité. Ainsi soit-il. Charles, par la grâce de « Dieu, empereur des Romains (et non pas *Deutsche* « *Kayser*), toujours auguste, et roi de Bohême, à la « mémoire perpétuelle de la chose. Tout royaume « divisé en soi-même sera désolé. Et parce que ses « princes se sont faits compagnons de voleurs, Dieu « a répandu parmi eux un esprit d'étourdissement et « de vertige, afin qu'ils marchent comme à tâtons en « plein midi, de même que s'ils étaient au milieu des « ténèbres : il a ôté leurs chandeliers du lieu où ils « étaient (1), afin qu'ils soient aveugles et conducteurs « d'aveugles. »

Nous voilà bien loin des trois vertus théologales !

La Bulle d'or a eu pour objet d'introduire de l'ordre dans ce chaos en réglant les élections du roi des Romains, les fonctions des électeurs, les droits des princes et autres membres de l'empire.

Charles IV n'oublia pas sa chère Bohême. Une disposition spéciale soustrait les sujets du roi à toute juridiction étrangère au royaume et leur interdit toute instance et tout appel à l'extérieur. Sentant ou pressentant la germanisation du Saint Empire, le roi de Bohême prit une autre précaution, qui devait être un puissant levier de l'influence tchèque dans le monde chrétien. Il s'agit de cette fameuse question des langues,

____

(1) *Movebo candelabrum.* — Saint Jean.

qui a pris tant d'importance depuis que l'idéal chrétien
s'est abaissé dans le monde. Puisque nous sommes
à Prague, il est bien naturel que je donne ici la
traduction de la disposition qui a été insérée à la Bulle
d'or, *in cauda :*

De l'instruction des princes électeurs aux langues.

I. D'autant plus que la majesté du Saint Empire romain
doit prescrire des lois et commander à plusieurs peuples de
diverses nations, mœurs, façons de faire et de différentes
langues, il est juste que les princes électeurs, qui sont les
colonnes et les arcs-boutants de l'Empire, soient instruits
et aient la connaissance de plusieurs langues, parce que,
étant obligés de soulager l'empereur en ses plus importantes affaires, il est nécessaire qu'ils entendent plusieurs
personnes et que réciproquement ils se fassent entendre à
plusieurs.

II. C'est pourquoi nous ordonnons que les fils ou héri-
tiers des illustres princes électeurs, savoir : du roi de
Bohême, du comte palatin du Rhin, du duc de Saxe et du
marquis de Brandebourg, qui savent apparemment la langue
allemande parce qu'ils la doivent avoir apprise dès leur
enfance, étant parvenus à l'âge de sept ans, se fassent instruire aux langues latine, italienne et slavonne (tchèke) en
telle sorte qu'ayant atteint la quatorzième année de leur
âge, ils y soient savants selon le talent que Dieu leur aura
donné : ce que nous ne jugeons pas seulement utile, mais
aussi nécessaire, à cause que l'objet de ces langues est fort

ordinaire dans l'Empire pour le maniement de ses plus importantes affaires.

III. Nous laissons toutefois à l'option des pères le particulier de cette instruction; en sorte qu'il dépendra d'eux d'envoyer leurs fils ou les parents qu'ils jugeront leur devoir apparemment succéder en l'électorat, aux lieux où ils pourront apprendre commodément ces langues, ou de leur donner dans leurs maisons des précepteurs et de jeunes camarades, par l'instruction et la conversation desquels ils puissent s'instruire dans ces langues.

Pour qu'une telle disposition ait été agréée dans l'assemblée de Nuremberg, lorsque les électeurs, les princes, les comtes, les barons, les gentilshommes et les villes de l'Empire délibérèrent sur la *Bulle d'or*, il a fallu que la Bohême occupât en 1356 une bien forte position dans le monde chrétien.

Reconnaissons, du reste, que le moyen de propagande tchèke imaginé par notre ami Charles IV était assez ingénieux. Les *précepteurs* et les *petits camarades* auraient pas mal aidé aux affaires. Si la chose avait réussi, le tchèke devenait une langue courante : peut-être aurions-nous aujourd'hui chacun notre Tchèke à la maison en place des *miss* anglaises, sèches et bibliques, ou des bonnes allemandes qui, au lieu de parler allemand à nos enfants, s'ingénient à en apprendre le français, ce qui, avec un peu de piano et de géographie, leur permettra de se placer comme institutrices dans une famille américaine. Le tchèke ne serait pas plus mal : *Kazdy jaryk wyznawati bude Boha. — Dobra noc.*, etc., etc.

Le beau rêve de Charles IV ne s'est pas réalisé pour plusieurs raisons que j'ai entendu développer à un professeur tchèke, mais que je ne suis pas en état de reproduire. En tout cas, il arriva au siècle suivant un fait qui coupa court à toute action de la Bohême dans la république chrétienne, et même à toute influence sur le monde slave, c'est l'explosion du hussitisme. Imagine-t-on un hussite ou un simple calixtin, qui serait devenu le *chef du peuple chrétien ?* Georges de Podiebrad fut un brave capitaine et un politique habile ; mais on ne se le figure pas recevant la couronne de Charlemagne. Le hussitisme et ses suites ne permirent même pas à Podiebrad de prendre part aux croisades contre les Turcs au xv⁰ siècle, ce qui fut une honte pour la Bohême et un malheur pour la chrétienté. Le hussitisme a été, sur le terrain politique, la contradiction de Charles IV, de même que, sur le terrain religieux, il fut la contradiction de saint Voitieh.

V

L'UNIVERSITÉ.

C'est aussi dans la Vieille Ville que se trouve la célèbre Université de Prague. Elle fut fondée en 1348 sur le modèle de celle de Paris par Charles IV, qui avait fréquenté la nôtre. Si l'Université de Paris était la fille de nos rois, l'Université de Prague peut être appelée la sœur de celle de Paris. C'est, du reste, la première institution de ce genre qui ait été fondée dans le centre de l'Europe. Comme l'école de Paris, celle de Prague accueillit généreusement les étrangers. Il y eut bientôt deux cents professeurs et près de vingt mille étudiants divisés en quatre nations, qui avaient toutes des droits égaux. On y voyait des Allemands, des Hongrois, des Scandinaves, des Polonais; Prague était réellement le foyer intellectuel de toute l'Europe centrale.

Au commencement du xvᵉ siècle, un esprit étroit de particularisme national soufflait sur la Bohême. Le célèbre Jean Huss, alors recteur de l'Université, voulut augmenter l'influence bohême aux dépens des autres nations. Il fut porté atteinte aux privilèges des étrangers. L'Université de Prague perdait son caractère européen et chrétien, catholique dans tous les sens du

mot. Les étrangers partirent et allèrent fonder des
universités particulières à Leipzig, à Cracovie. Pendant
les agitations hussites, l'asile de la science devint le
théâtre de troubles religieux et de scènes sanglantes.
L'Université était moitié protestante et moitié utraquiste. Elle ne se releva jamais de ce coup.

VI

EMMAUS.

Charles IV, avons-nous dit, n'était pas appliqué
seulement à introduire dans son royaume les us et
coutumes de la France; il était, avant et par-dessus
tout, animé d'un grand amour pour les choses de son
pays. Son règne marque l'ère d'une reflorescence des
lettres tchèkes. Il voulut même remettre en honneur les vénérables monuments de la prédication du
christianisme parmi les Slaves au IXᵉ siècle.

Le couvent élevé en 1039 par saint Procope, couvent
où l'office était célébré dans la langue de saint Méthode,
avait vu le relâchement s'introduire parmi ses moines,
qui en furent expulsés. Charles voulut rétablir ce vieil
usage slave. Etant encore margrave de Moravie, il
s'adressa à son ami Pierre Roger, qu'il avait connu à
l'Université de Paris et qui était devenu le pape Clément VI. Ayant obtenu l'autorisation qu'il sollicitait,

il destina l'église des Saints-Cosme-et-Damien pour le serivce du nouveau monastère qui reçut le nom d'Emmaüs. On le voit encore dans la Nouvelle Ville. Il invita l'archevêque de Prague à y instituer « un « abbé et des frères qui, sous la règle et la coutume « de saint Benoît, puissent, en servant Dieu, célébrer « l'office divin nocturne et diurne en langue slavonne. « à cause de la mémoire et du respect du bienheureux « saint Jérôme, afin que dans ce royaume, comme au « milieu de sa nation et de sa patrie, le saint soit « glorifié perpétuellement et sa mémoire célébrée. »

Saint Jérôme est rappelé ici parce qu'une tradition alors indiscutée, mais généralement rejetée aujourd'hui, attribuait au grand docteur l'invention de l'alphabet glagolitique et l'usage de la langue slavonne dans lesquels sont écrits les offices dont l'usage était rétabli à Emmaüs. Charles le dit explicitement dans son décret :

« A cause de la mémoire du très-glorieux confes- « seur le bienheureux Jérôme le Stridonien, le doc- « teur éminent, l'interprète distingué de la sainte « Écriture, qui l'a traduite de l'hébreu dans la langue « latine et dans une langue slave de laquelle l'idiome « slave de notre royaume de Bohême a pris primor- « dialement son origine et procède..... »

Après la sainte Vierge et saint Jérôme, le couvent est consacré à saint Voitich, à saint Cyrille, à saint Méthode et à saint Procope, patrons du royaume de Bohême. Dans cette pieuse recherche du passé on sent non seulement le bon chrétien, mais, comme on dirait aujourd'hui, le bon patriote, l'homme qui aime les hommes et les choses de son pays.

L'institution slave d'Emmaüs disparut avec bien d'autres précieuses institutions bohêmes dans les troubles que suscita le hussitisme. Ainsi cette explosion d'un particularisme jaloux devait troubler partout, nous l'avons vu, le développement normal de la Bohême dans le monde chrétien.

Au monastère d'Emmaüs et à son fondateur se rattache un souvenir français. Nos rois prêtaient serment à Reims, au moment du sacre, sur un évangéliaire dont la première partie est écrite en caractères gréco-slaves et la seconde en caractères glagolitiques. Ce manuscrit a appartenu au couvent d'Emmaüs, et l'un des textes lui fut donné par Charles de Luxembourg. C'est ce que témoigne la mention suivante, qui est écrite à la fin du manuscrit en langue tchèke vulgaire et en caractères glagolitiques : *Année de Notre-Seigneur 1395. Ces évangiles et épîtres, qui sont écrits en langue slavonne, doivent être chantés quand l'abbé célèbre la messe en mitre. La partie de ce livre qui est écrite à la manière russe (le caractère gréco-slave), l'abbé saint Procope l'a écrite de sa propre main. Et ce texte russe, le défunt Charles IV, empereur des Romains, l'a offert à ce monastère pour sa gloire et en l'honneur de saint Jérôme et de saint Procope. Seigneur, daignez lui accorder le repos éternel! Ainsi soit-il.*

Les moines d'Emmaüs ayant donné dans le parti

utraquiste et commencé à célébrer en langue vulgaire.
le double manuscrit disparut on ne sait comment.
Peut-être la bibliothèque ancienne a-t-elle été pillée
à cette époque, comme tant d'autres richesses nationales de la Bohême. On a supposé aussi, mais gratuitement, que le livre aurait été envoyé à Constantinople pendant la négociation des utraquistes avec les
Grecs pour conclure une union anti-romaine. Quoi
qu'il en soit, le cardinal de Lorraine le donna à la
cathédrale de Reims en 1554. François II, Charles IX.
Henri III, Louis XIII et Louis XIV prêtèrent le serment sur ce livre, qui est connu sous le nom de *Texte
du Sacre*. Il en a été publié un fac-simile à Paris,
en 1852, aux frais de l'empereur de Russie. C'est ainsi
que le don de Charles IV, dédaigné par ses sujets
infidèles à leur mission, est devenu un objet de prix
et de vénération pour les successeurs de son compagnon d'armes de Crécy. *Habent sua fata libelli.*

VII

A PROPOS DES HUSSITES.

Le mouvement hussite avait par lui-même peu
d'intérêt au point de vue religieux. Jean Huss, quelle
qu'ait pu être l'ardeur de son sentiment, n'a pas eu le
temps de formuler un dogme, ni même de poser des

bases pour la fondation d'une Église proprement dite. Son action résultait d'un système d'opposition vague qui laissait le champ libre à toutes les rêveries religieuses, sociales et politiques, et qui a engendré un véritable chaos. Sa grande erreur, qui a produit ce chaos, c'est d'avoir soutenu que l'Église romaine n'est point la mère et le chef de l'Église universelle, que le pape et les cardinaux ne sont point essentiels à l'Église, qui pourrait bien s'en passer.

Ce qui occasionna le soulèvement, ce fut un cri de vengeance contre ceux qui avaient condamné Jean Huss et Jérôme de Prague. En prenant, dès le principe, le caractère d'une opposition strictement bohème, le hussitisme était sans force de propagande au dehors et sans action sur les ennemis comme sur les amis. Même dans le sein de la société bohème, l'installation des tabors isolait les habitants et les opposait les uns aux autres. Il y eut des espèces de villes mobiles luttant contre les villes fixes qui avaient conservé des intérêts séparés et l'amour de la paix. Lorsqu'on voulut formuler définitivement le hussitisme, on s'arrêta à l'*utraquisme*, c'est-à-dire à la communion sous les deux espèces, résultat mesquin d'une si grande agitation. Ce fut, en définitive, un mouvement sans profondeur et sans avenir. Le temps seul l'a usé; mais la Bohème portera toujours sur son sein les traces de tant de dévastations et de ruines. Telles étaient les pensées qui m'assaillaient en sortant du monastère d'Emmaüs.

Or, je me trouvais alors avec un Russe qui se prit à exprimer sur plusieurs points une opinion différente de la mienne, avec beaucoup de modération, du reste, et de courtoisie. « Le rôle de Jean Huss, me dit-il, est apprécié tout autrement dans mon pays ; j'ai entendu dire que c'est lui qui a fixé la langue tchèke, ce en quoi il a rendu un grand service à sa patrie. — Je ne suis en état, répondis-je, d'y agréer ou d'y contredire ; mais je sais que, dans d'autres pays, les langues particulières se sont formées sans un si grand boulevari. Si vous objectez que Luther a rendu le même service à l'Allemagne, ce que je suis encore inhabile à contrôler, je vous ferai remarquer que la France, l'Italie, l'Espagne, sont arrivées au développement littéraire le plus complet sans le devoir à la même cause. J'aurais, je l'avoue, beaucoup de peine à admettre comme une loi de l'histoire la nécessité de cette intervention de l'hérésie. Laissons de côté, si vous voulez bien, les Romains et les Grecs ; mais j'ai entendu dire partout que la Russie possède des poëtes et des écrivains distingués, et je ne sache pas que votre pays doive le développement littéraire à ses Staroviertsi et à ses Scoptsi.

— Non certes, répondit en souriant Serge Ivanovitch ; mais la langue russe est arrivée beaucoup plus tard que les autres langues européennes à sortir des langes du moyen âge.

Le Français. — La Russie a-t-elle eu véritablement un moyen âge? C'est une autre question. Vous arrivez

tard dites-vous. Est-ce un si grand malheur ? Pour moi,
je voudrais bien en être encore à sortir de page ! La
Russie, dites-vous, n'a développé sa langue que longtemps après la Bohême. Soit ! mais l'Italie vous a tous
précédés, et cependant l'auteur de *Divine Comédie* n'a
pas été un hérésiarque.

Le Russe. — Prenez-y garde : on a cité quelquefois
le Dante comme un prédécesseur de Jean *Guss*.

(Serge Ivanovich parlait le français avec une prodi-
gieuse facilité, et je ne l'ai pas vu plus embarrassé en
anglais ou en allemand; mais quand il était un peu
distrait ou animé, il ne pouvait s'empêcher de prononcer les H comme des G, dans les noms propres.)

Le Russe. — Pas plus que vous, je ne suis un savant;
mais je suis venu ici avec un professeur de Kazan, et
il m'a raconté que les successeurs de Jean Huss
avaient entamé des négociations avec le patriarche
de Constantinople pour rattacher la Bohême au monde
oriental par une union religieuse. Les utraquistes
auraient pu ainsi se séparer des catholiques sans rester
isolés. La Bohême rentrait par là en quelque sorte
dans sa propre famille, d'où elle n'aurait jamais dû
sortir ; car Russ, Lekh et Tchekh étaient des frères !

Ici il y eut une pause, qui dura au moins le temps de
trois cigarettes, car tous les deux nous ne cessions
de fumer du matin au soir.

Pendant que nous gagnions ensemble l'hôtel de
l'*Étoile bleue*, les entretiens de Fra-Angelo me revenaient à l'esprit. « J'ai connu, dis-je, à Trieste un

vieux moine serbe, qui m'a souvent parlé de toutes
ces choses. Cet homme fort simple, mais au demeu-
rant très-éclairé et sincère comme un enfant, a
ouvert à mon esprit quelques perspectives dont je
commence seulement à reconnaître toute la profondeur. Contrairement aux assertions de certains
publicistes, il n'admettait pas que la séparation d'avec
Rome et le rite grec dussent être considérés comme
quelque chose de plus slave que le reste. Les deux
rites, entre lesquels les Slaves sont partagés, ne sont
slaves ni l'un ni l'autre : l'un est grec et l'autre
romain. De quel côté est l'ancienneté sous le rapport
de l'union ou du schisme? c'est une question de date.
Les Slaves du centre de l'Europe étaient en communion
avec Rome alors que les Russes étaient encore idolâtres. Le slavon d'église est une langue slave, mais
il n'y a pas là un caractère distinctif entre les deux
communions, puisque les catholiques unis de la
Galicie, ceux de Chelm, les Bulgares unis, les uniates
de Krigévatz et les Glagolites de la Dalmatie officient
dans cette même langue avec des livres toujours
approuvés et quelquefois même imprimés à Rome.
L'alphabet, dont on se sert en Serbie, en Bulgarie, en
Russie et dans une partie de la Galicie, n'est rien
que l'alphabet grec enrichi de quelques lettres nécessaires à la phonétique des langues slaves. Le vrai
alphabet, propre aux Slaves, est le glagolitique, qui a
été inventé par les SS. Cyrille et Méthode. C'est le vrai
cyrillique.

La ville de Prague possède de précieux fragments glagolitiques, qui sont les plus anciens monuments écrits dans une langue slave.

Fra Angelo était rempli pour saint Cyrille et saint Méthode d'une vénération filiale qui allait jusqu'à la tendresse. Je ne l'ai jamais trouvé plus ému que lorsqu'il me racontait les luttes de saint Méthode contre les Allemands.

A propos de l'opinion consistant à proclamer que tous les Slaves sont appelés à la prétendue orthodoxie, Fra Angelo me disait que c'est une idée superficielle et qui est loin d'avoir cours chez tous les orthodoxes. Et il me montrait dans une revue publiée à Belgrade la vive réclamation d'un Serbe. « Ces « slavophiles, écrivait en 1869 M. Vladan Georgevitch, « séparent de la nation serbe plusieurs millions de « catholiques et quelques centaines de mille de Serbes « musulmans, tous enfants de la même patrie. Ils « veulent que nous regardions les millions de Slaves « catholiques ou protestants comme des nations infé- « rieures et réprouvées, et cela uniquement parce « qu'elles ne sont pas *orthodoxes !* »

VIII

UNE RENCONTRE AGRÉABLE.

Ma première visite au Hradschine avait été consacrée tout entière aux monuments religieux. Je me proposais d'y retourner le lendemain; le voyageur russe voulut bien m'accompagner, non pas pour revoir ce qu'il connaissait déjà, mais, me dit-il gracieusement, « pour le plaisir de passer avec vous une partie de la journée ».

C'était un homme d'une quarantaine d'années, grand, droit, mince de la taille. Il avait la tête un peu forte, les yeux très-clairs. Ses manières étaient aisées et agréables. Il paraissait avoir l'habitude du monde et même de tous les mondes. Sa figure un peu ravagée quoique pleine, sa tournure délurée, la rareté des cheveux sur le sommet de la tête lui donnaient assez l'apparence d'un viveur qui a pris le parti de se ranger. Comme race, on aurait dû lui attribuer une origine aux trois quarts grand-russe et varègue pour un quart.

Je l'avais trouvé d'abord un peu indiscret, car à la première rencontre il me questionna avidement sur tout ce qui me concerne. Comme je l'avais satisfait sans difficulté, il me raconta à son tour ce qui l'avait amené à Prague. Un jour de noir, il avait lu dans le *Nord* que les voyageurs russes commencent à donner la préférence à Prague sur toutes les villes de saison. Prague, y était-il dit, devient peu à peu le rendez-vous des familles russes qui ont pris l'habitude de séjourner quelque temps à l'étranger. Dans l'espoir d'y trouver quelques amis et de passer une saison agréable dans cette douce liberté que donne la rencontre à l'étranger d'une figure connue, il était accouru dans la vieille capitale des Tchèkes. Prompte désillusion; il n'y avait trouvé ni société russe, ni aucune espèce de compensation. « Les Tchèkes, me disait-il, sont des gens très-estimables, très-rangés et très-slaves, mais pas amusants du tout.

> Chaque père à son gré gouverne
> Sa famille d'un ton paterne ;
> Les hommes travaillent aux champs ;
> Les femmes font des vêtements (1).

Si je ne vous avais pas rencontré, continua Serge Ivanovitch, je serais déjà loin. Je vais finir la saison à Paris et, si je ne m'y amuse pas davantage, il ne me restera plus d'autre parti que de me raccommoder avec ma femme.

— Que ne le faites-vous aujourd'hui même?

— Je vous avouerai, cher, que je ne sais pas au juste où est ma femme ; mais, pour vous faire plaisir, je vais écrire à notre banquier de Francfort, lequel doit se rappeler où il lui a envoyé de l'argent la dernière fois.

J'ai passé quelques soirées bien agréables avec Serge Ivanovitch. Il connaissait tout le monde partout et beaucoup d'artistes. Il parle d'art assez congruement, mais je crois qu'au fond il ne s'y entend pas beaucoup. En revanche, il est prodigieusement doué

---

(1) C'est la traduction un peu libre de deux vers d'un vieux poëme.

pour la musique. Il s'accompagnait agréablement sur le piano et chantait tout avec la même facilité et de mémoire, aussi bien *Don Juan* que la dernière opérette à la mode. Avions-nous entendu un air dans la rue, il le répétait immédiatement et dans le sentiment qui l'avait frappé, car son organisation était très-sensible à l'effet musical. Je lui ai fait répéter bien des fois une romance russe, qu'il disait, de sa voix sympathique, avec beaucoup de grâce et de sentiment :

Ti ne povierisch kak ti mila.

IX

MÉDITATIONS SUR LE CHATEAU DE SAINT-VENCESLAS.

Nous visitâmes ensemble le château de Saint-Venceslas, et en particulier la salle où s'accomplit un acte qui est dans toute les mémoires. Les nonces du royaume, mécontents des commissaires royaux, Martinitz et Slawata, prirent le parti de s'en débarrasser, *à la vieille mode tchèke.* Or, cette vieille mode nationale consiste à jeter les gens par la fenêtre. C'est ainsi que les Hussites en 1409 précipitèrent de l'hôtel de ville treize conseillers, qui furent ensuite massacrés. Il y en a bien d'autres exemples. Martinitz et Slawata furent *défénestrés*. Le secrétaire eut le même sort. Comme il avait été précipité le dernier, il tomba sur les deux conseillers. C'était un homme incapable d'oublier jamais ce qu'il doit à ses supérieurs. Aussi son premier mouvement fut-il d'ôter son chapeau et de demander pardon de l'irrévérence à Leurs Seigneuries. Et comme il n'était pas blessé, il s'enfuit à toutes jambes et apporta à Vienne la première nouvelle de la *défénestration*. Les deux conseillers étaient tombés sur des matières molles; ils échappèrent aussi à la mort.

La défénestration de Prague a donné le signal de la terrible guerre de trente ans, pendant laquelle le territoire de l'empire fut successivement ravagé par les Danois, par les Suédois et par les Français.

Deux années après la défénestration, le roi légitime de la Bohême chassait l'usurpateur que les protestants et les utraquistes avaient appelé de l'Allemagne. Dans quel triste état se trouvait la Bohême, la vieille Bohême de Charles de Luxembourg!

Quantum mutata ab illa !

Avant les agitations des Hussites, la Bohême comptait quatre millions d'habitants : il n'y en avait plus que huit cent mille en 1620 !

Ce qui fut encore plus funeste à la Bohême, c'est l'état de choses créé en Allemagne par le congrès de Westphalie.

La cathédrale de Saint-Vite porte encore les traces du bombardement dirigé intentionnellement, en 1757, contre le sanctuaire de [la Bohême par le roi Frédéric II de Prusse. N'est-ce pas l'image frappante et terrible de la situation où se trouve aujourd'hui la Bohême en présence de l'État qui doit son développement à la guerre inaugurée par la défénestration? Je contemplais dans une muette méditation la vénérable église de Saint-Vite, et il me semblait voir les canons des successeurs de Frédéric II braqués, de toute leur longueur, non plus sur un monument de pierre, mais sur le cœur même de la Bohême.

A l'intérieur, la répression qui suivit la bataille de la Montagne blanche fut sévère; mais la Bohême s'est relevée de cette compression : elle en est même sortie meilleure, et surtout plus forte au point de vue de son action dans le nom slave.

Si, au contraire, la cause à laquelle les protestants et les utraquistes enchaînaient si imprudemment leur nation par le crime de 1618, avait triomphé en Bohême comme elle a triomphé en Allemagne, il n'y aurait plus aujourd'hui de Bohême. Le successeur de l'usurpateur palatin serait un simple vassal de l'empereur allemand (Deustsche Kayser).

Les Tchèkes ont un sentiment très-net de leur situation en Europe et des dangers qui les menacent immédiatement. Au moment où il cherchait à détacher les destinées de son pays de celles de l'Allemagne, l'historien Palacky a écrit ce mot : « Si l'Autriche n'existait pas, il faudrait l'inventer. » Vingt ans après, le docteur Rieger, défendant à la fois le maintien de l'empire et l'adoption du système fédératif, formulait ainsi le programme du parti des vieux Tchèkes à la diète de Prague : « Tous nos efforts doivent tendre à « un seul but : conserver l'Autriche et nous conserver « nous-mêmes dans l'Autriche. »

La maxime de Palacky, qui vient d'être citée, est devenue proverbiale; elle est à compléter ainsi : « Si la Bohême n'existait pas, il faudrait l'inventer. » Ce sera la réponse française à la maxime tchèke.

Un souvenir français nous attache encore au Hradschine. Après la révo'ution de 1830, le château de Saint-Venceslas a été le premier asile du roi Charles X. C'est là aussi que l'empereur Ferdinand s'est retiré après avoir abdiqué en 1848. Couronné roi de Bohême à Prague le 7 septembre 1856, il y est mort en 1875. Comme son successeur n'a pas encore reçu la couronne de saint Venceslas, les Tchèkes ont dit, à la mort de Ferdinand, qu'ils avaient perdu leur dernier roi.

CHAPITRE XII

SLOVÉNIE

I

PAR LE TYROL A TSELIOVETZ.

Je m'étais proposé de visiter, avant de rentrer à Venise, les vallées supérieures de la Drave et de la Save, pour y faire connaissance avec la population slave qui habite ces belles contrées jusqu'aux rives de l'Adriatique. Une course rapide m'amène par Munich et Insbruck jusqu'à Franzensfeste, où je dois tourner brusquement à l'est.

La forteresse de Franzensfeste barre le passage du Brenner à une armée venant d'Italie. Elle est le point de départ d'une voie ferrée qui touche à angle droit la ligne de Munich à Vérone et la ligne de Vienne à Trieste : cette voie court de l'ouest à l'est de Franzensfeste à Marburg.

La plupart des chemins de fer de ces contrées ont été entrepris par des compagnies françaises, et exécutés par des terrassiers venus de la Lombardie. Ces Italiens, qui vont travailler jusqu'en Russie et en Turquie, sont très-laborieux, très-adroits et très-sobres. Ils envoient régulièrement à leurs familles le produit de leur travail, sur lequel ils ne prélèvent pour eux-mêmes presque rien.

Le train gravit d'abord l'alpestre vallée appelée Pus-terthal, laissant à gauche, sans qu'on le puisse apercevoir, le Gross-Glockner, le géant des Alpes Noriques. A Toplach débouche, vers le sud, la route qui mène en Italie par le val d'Ampezzo, au milieu des pics dolomites. Toplach est le point de partage des eaux. A peine est-on arrivé sur le plateau que la Drave apparaît à droite. La Drave, c'est le Danube! c'est la mer Noire, c'est l'Orient! Le frottement strident du frein avertit bientôt que le train descend : en avant donc vers un autre monde! Mais, doucement, nous sommes encore au milieu d'une population allemande et dans la province du Tyrol, qui finit seulement à Nikols-burg. Là commence la Carinthie; mais la population slovène n'apparaît qu'aux environs de Villach et de Klagenfurt (Tseliovetz). Il y a cependant un peu plus haut une certaine localité appelée *Windische*-Matrei, dont le nom ne me dit rien d'allemand.

Les Slovènes, appelés Vendes par les Allemands, occupent le sud de la Styrie, le sud de la Carinthie, la Carniole, les districts hongrois de Szalader et d'Eisen-burg, une partie de l'Istrie, un coin du Frioul. La campagne autour de Trieste est slovène, et le bas peuple de la ville appartient à cette race. Il y a environ un million quatre cent mille Slovènes : ils sont catholiques latins, et généralement très-dévoués à leur clergé, dont ils suivent volontiers les inspirations. Leur langue, différente de celle des Serbo-Croates, leurs voisins à l'est, possède une littérature propre, qui est peu connue au dehors, si ce n'est par le fait de quelques savants, Kopitar, Miklositch, célèbres dans le monde slave et même ailleurs. Les centres intellectuels et politiques des Slovènes sont *Tscliovetz*, que les Allemands appellent Klagenfurt; Liubliana, que les Allemands appellent Laybach, et *Goritza*, que les Allemands appellent Gœrtz, et les Français Goritz.

Tscliovetz, *alias* Klagenfurt, est une ville assez grande, sans caractère bien déterminé, mais on voit qu'elle a un passé. Une promenade remplace les fortifications, détruites en 1809 par les Français. Toute destruction est généralement attribuée aux Français, à tort et à travers. Un homme m'avait rapporté quelque fait relatif à son père. — « Quand l'avez-vous perdu? » lui dis-je innocemment. — Réponse : « Il a été détruit par les Français, en 1809. »

Autour d'une église, je remarque une grande quantité de pierres tombales dressées contre le mur. Le sujet le plus fréquent est un père et une mère aux pieds du crucifix, entourés de leurs enfants. Voici deux garçons et six filles; plus loin sept garçons et trois filles en costume du temps de Henri III. C'est d'un sentiment pieux, mais d'une exécution médiocre. La beauté morale du motif et la disposition en font tout le charme. Beaucoup de ces figures ont été mutilées à plaisir. Je me suis gardé de demander par qui ; il m'eût sûrement été répondu que c'était par les Français, en 1809.

Voici, au coin d'une place, un vieux lion en pierre avec le blason de la Carinthie : la tête dépasse un peu l'alignement. Si le baron Haussmann était venu par là en 1809, il l'aurait guillotiné.

Les affiches et les enseignes sont en langue allemande ; quelques noms de marchands, mais en petit nombre, ont l'allure slave. Autour de moi, je n'entends parler que l'allemand : il est très-rare que quelque phrase slave vienne frapper mon oreille, déjà exercée à en saisir le son. Cependant le type de la population n'est pas teutonique : les figures des jeunes femmes sont plus gracieuses, plus sympathiques que celles des Allemandes du sud, et moins pincées.

Je m'arrête devant les librairies. Voici quelques livres slovènes ou tchèkes, mais la majorité est allemande. La France est glorieusement représentée par *Mamsell' Ango*, marche-polka, et par le *Panorama de la Mode*. On n'est pas fier d'être Français, quand on regarde Klagenfurt. Je retrouve, cependant, un mot français sur une enseigne : *Gallanterie*, mais dans un sens tout à fait inconnu chez nous. C'est comme le mot *Delicatessen*. Sous la double rubrique de *Gallanterie und Delicatessen*, on vous vend en Autriche n'im-

porte quoi, des confitures et des bretelles, tout enfin,
pourvu que ce soit *galant* et *délicat*. Le champ est illimité : ainsi le marchand de *Gallanterie*, à Klagenfurt,
avait exposé devant sa porte une douzaine de berceaux
d'enfants.

II

UN AVENTURIER FRANÇAIS EN CARINTHIE
AU TEMPS DU ROI DAGOBERT.

Pour les Slaves occidentaux, l'histoire *historique*
commence à la domination, ou plutôt à l'oppression
exercée par les Avares. Et quelle oppression! On en
peut juger par le passage suivant de notre vieux chroniqueur Frédégaire : « Les Vénèdes (Vendes, Slaves)
bifulci appartenaient depuis longtemps aux Avares
(que Frédégaire nomme *Chuni*, c'est-à-dire Huns).
Lorsque ceux-ci attaquaient une nation, ils se tenaient
rangés en bataille devant leur camp et les Venèdes
combattaient : s'ils étaient victorieux, alors les Avares
s'avançaient pour piller; si les Vénèdes étaient
vaincus, les Avares venaient à leur secours et leur
redonnaient des forces. On appelait les Venèdes *bifulci*,
parce que, dans la double attaque, c'étaient eux, en
marchant en premier, qui mettaient les Slaves à couvert. Tous les ans les Avares venaient passer l'hiver

chez les Esclavons (Vendes, Slaves); ils prenaient leurs femmes et leurs filles : les Esclavons subissaient, en outre, des tributs et bien d'autres vexations (1). »

Cette collaboration forcée aux expéditions guerrières explique tout ce que les Avares ont pu faire malgré leur petit nombre.

Cependant les fils que les Avares avaient eus des femmes esclavonnes héritèrent d'une partie de l'énergie de leurs pères. Ne pouvant à la fin supporter cette honte et ce joug, ils refusèrent d'obéir à leurs maîtres et commencèrent à se soulever. Or, en 623, continue le chroniqueur, un certain Samo, de la nation des Franks, s'associa plusieurs hommes du pays de Soignies, qui faisaient le négoce avec lui, et se rendit chez les Esclavons nommés Vénèdes, pour y exercer le commerce; c'était au moment où ces peuples marchaient contre les Avares. Le négociant Samo alla avec eux, et sa bravoure excita leur admiration. Vainqueurs, les Vénèdes choisirent Samo pour leur roi, vers 625. Sous son règne, les Vénèdes soutinrent contre les Avares plusieurs combats, où ils furent toujours vainqueurs, grâce à la prudence et au courage de leur roi (2).

Samo ne fut pas moins heureux dans ses guerres contre Dagobert, avec lequel les démêlés commen-

----

(1) Edition de 1862. Traduction de M. Guizot, pages 208 et suivantes.

(2) Frédégaire, ibid.

cèrent en 631. « Cette année-là, dit encore Frédégaire (1), les esclaves vénèdes tuèrent un grand
nombre de négociants franks dans le royaume de
Samo et les dépouillèrent de leurs biens..... Dagobert
envoya Sichaire en députation auprès de ce roi pour
lui demander justice... Samo ne voulut pas voir Sichaire
et ne l'admit pas en sa présence. Celui-ci, revêtu d'habits esclavons, parvint cependant auprès du roi et lui
transmit tout ce qu'il avait l'ordre de lui déclarer;
mais, continue le chroniqueur, comme il arrive
parmi les païens et les orgueilleux, Samo ne répara
rien du mal qui avait été commis, disant seulement
qu'il avait l'intention de tenir un plaid pour que justice
fût faite touchant ces contestations et d'autres qui
s'étaient élevées en même temps. L'envoyé Sichaire,
comme un insensé, adressa alors à Samo des paroles
et des menaces qu'on ne lui avait point ordonné de
faire, disant que lui et son peuple devaient soumission
à Dagobert. »

La réponse du glorieux aventurier établit que les
Slaves occidentaux, en secouant le joug des Avares,
avaient passé sous la suzeraineté des Franks. « La
terre que nous habitons, dit-il, est à Dagobert, et nous
sommes ses hommes, mais à condition qu'il voudra
conserver amitié avec nous. » Sichaire reprit : « Il
n'est pas possible que des chrétiens serviteurs de
Dieu fassent alliance avec des chiens. — Si vous êtes

(1) Ch. LXVIII.

les serviteurs de Dieu, répliqua Samo, nous sommes les chiens de Dieu, et puisque vous agissez continuellement contre lui, nous avons reçu la permission de vous déchirer à coups de dents. » En même temps il fit chasser Sichaire de sa présence.

Cette ambassade amena la guerre. Voici la suite du récit de Frédégaire. « Trois corps d'armées marchèrent contre Samo. Les Lombards s'avancèrent de leur côté à l'appui de Dagobert; mais les Esclavons se préparèrent à résister sur tous les points. Une armée d'Alamans, commandée par le duc Crodobert, remporta une victoire dans les lieux où elle entra. Les Lombards furent aussi victorieux et emmenèrent, ainsi que les Alamans, un grand nombre d'Esclavons captifs. Mais les Austrasiens ayant entouré Wogastiburg, où s'étaient enfermés en grand nombre les plus braves des Vénèdes, furent taillés en pièces après un combat de trois jours et s'en retournèrent dans leur pays, abandonnant pour fuir leurs tentes et leurs équipages. Ensuite les Vénèdes, ravageant à plusieurs reprises la Thuringe et les pays voisins, se jetèrent sur le royaume des Franks. »

L'année suivante, c'est-à-dire en 632, Dagobert, pour s'opposer à cette invasion, approcha de Mayence avec une armée. C'est alors que les Saxons prièrent le roi de leur remettre les tributs qu'ils payaient au fisc, à la condition qu'ils garderaient les frontières du royaume contre les Vénèdes, ce qui leur fut accordé. Les envoyés saxons prêtèrent serment sur leurs

armes, mais il ne paraît pas que ce peuple se soit
sérieusement appliqué à arrêter les incursions de
Samo (1). En effet, le roi Dagobert revint à Metz, où,
par le conseil et avec l'agrément des grands, il établit
son fils Sigebert comme roi d'Austrasie. A partir de ce
moment, les Austrasiens défendirent courageusement
les terres franques contre les attaques des Vénèdes (2).
Frédégaire rapporte encore que Radulf, duc de Thuringe, combattit plusieurs fois contre les Vénèdes qu'il
vainquit et mit en déroute (3) ; mais il ne paraît pas
cependant que les Franks soient allés inquiéter Samo
dans ses possessions où il continua à régner.

Samo s'était aggrégé les populations slaves des
environs. Ainsi les Sorabes (Serbes de la Lucace), qui
avaient été autrefois soumis aux Franks, s'en déta-
chèrent. Leur duc, nommé Dervan (qui régnait entre
l'Elbe et la Saal), se plaça avec ses sujets sous la suzeraineté de Samo (4). Il en fut de même de Valluch,
qui était dans la marche des Vénèdes. Samo parvint
aussi à soustraire à la domination des Franks les
Tchèkes et les Chrobates-blancs, lesquels habitaient
depuis le Waag, la Moravie actuelle et les environs de
Cracovie.

On ne sait pas où était la capitale de Samo, ni quelle
était l'étendue de ses États. Il paraît qu'il occupait la

(1) Frédégaire, ch. LXXIV.
(2) *Ibid.*, ch. LXXIV.
(3) *Ibid.*, ch. LXXVII.
(4) *Ibid.*, ch. LXVIII.

Carinthie, la Pannonie, la Styrie et peut-être la Bohême
Il mourut en 662, après un règne de trente-cinq ans.
De ses douze femmes, il avait eu vingt-deux fils et
quinze filles. Il est permis de supposer que les nom-
breux princes slaves qui vont bientôt surgir dans la
Carinthie, dans la Styrie, dans la Bohême, dans la
Pannonie et dans le Norique sortaient de cette descen-
dance. Louboucha était la petite fille du français Samo.

III

CHARLEMAGNE APPARAIT.

La confédération dont Samo avait été le chef, fut
dissoute à sa mort. Les princes slaves, qui se parta-
gèrent son territoire, se battaient continuellement,
contre les Avares, les Français ou les Bavarois. Ils
étaient toujours plus ou moins tributaires des Avares
ou des Français. Ce qui favorisait leur indépendance
partielle et intermittente, c'est que les ducs, établis
sur leurs frontières, se faisaient aider des Slaves dans
leurs tentations pour s'affranchir eux-mêmes de leurs
suzerains.

Les choses auraient pu rester ainsi fort longtemps,
depuis les Alpes Noriques jusqu'au fond de la Pannonie,
lorsque Charlemagne intervint avec l'éclat de la
foudre dans le monde slave et avare.

Par leurs ententes avec tous ses ennemis et particulièrement avec les Saxons, les Avares avaient bien mérité la colère de Charlemagne; mais la guerre qu'il dirigea contre eux eut, comme ses autres entreprises, un caractère essentiellement religieux. A la diète de Worms en 790, le roi, avec le conseil des grands, se disposa, dit la chronique, « à aller dans le royaume des Avares, à cause de l'intolérable malice qu'ils montrèrent contre le peuple des Gaules (du temps des Huns d'Attila) et contre les églises de Dieu. »

J'ai raconté ailleurs comment la guerre fut conduite par une double expédition dans la vallée du Danube et dans celle de la Drave; mais le souverain comptait encore plus sur l'assistance divine que sur les combinaisons du génie humain. Voici ce que, de son camp sur l'Ens, il écrivait à la reine Fastrade, qu'il avait laissée en Bavière : « Nous avons célébré les litanies pendant trois jours, à partir des nones de septembre, qui étaient le lundi, continuant le mardi et le mercredi, afin de prier la miséricorde de Dieu qu'elle nous accorde paix, santé, victoire et heureux voyage, assistance, conseil et protection dans nos angoisses. Nos évêques ont ordonné une abstinence générale de chair et de vin, excepté pour ceux qui ne pourraient la supporter pour cause d'infirmité, d'âge avancé ou de trop grande jeunesse. Chaque prêtre a dit une messe particulière, à moins d'empêchement de santé. Les clercs, sachant la psalmodie, avaient à chanter cinquante psaumes chacun, et, pendant la procession des litanies, ils devaient marcher sans chaussure. Telle fut la règle dressée par nos évêques, ratifiée par nous et exécutée avec l'assistance de Dieu. Délibère avec nos fidèles comment vous célébrerez aussi ces litanies. Tu feras, quant au jeûne, ce que ta faiblesse te permettra (1). »

L'entreprise fut accomplie en deux campagnes. Dans la première, l'enceinte fortifiée de Sirmium, au confluent du Danube et de la Save, fut prise par l'armée du roi d'Italie. Dans la seconde, le même fils de Charlemagne, Pépin, s'empara du *Ring* royal, situé sur les bords de la Theiss, et lieu de dépôt du trésor de la nation. « En vain, raconte M. Thierry, le khakan des Avares, frappé de crainte, était venu près du jeune roi pour le fléchir et obtenir rémission : Pépin ne s'arrêta point jusqu'à ce qu'il eût mis le pied dans ce sanctuaire de la nationalité avare, et que l'étendard du protecteur de l'Église flottât sur l'ancienne demeure du *fléau de Dieu*. »

Pépin apporta à Aix-la-Chapelle le trésor du Ring, cet Achéron où s'étaient englouties toutes les richesses enlevées des églises et des palais de l'Orient et de l'Occident. Charlemagne ne garda rien pour lui de toutes ces richesses : une grosse part fut réservée pour les églises. Angilbert alla exprès à Rome pour déposer un trésor sur le tombeau des apôtres. Plusieurs rois

(1) Cité par Amédée Thierry : *Histoire d'Attila et de ses successeurs,* tome II, page 167.

de l'Europe reçurent de magnifiques présents. Le reste
fut distribué aux sujets et vassaux du roi. C'est ainsi
que se manifesta avec éclat la générosité du grand
prince, dont la poésie chevaleresque a chanté souvent
le désintéressement et la magnificence, comme dans
ces vers d'Adenès :

> Ne retint Charles vaillant ij œs pelés :
> Tout fu à ceans baillez et délivrez
> Qui en avaient les meschiez endurés
> Et les cors d'aus souvent aventurés
> Contre la gent dont Dieu ert adossés (1).

> Charles ne retint pas la valeur de deux œufs pelés :
> Tout fut donné et livré à ceux
> Qui avaient enduré la peine
> Et qui avaient souvent aventuré leurs corps
> Contre la race ennemie de Dieu.

A la suite de cette glorieuse campagne, les deux
Pannonies furent incorporées à la France, ainsi que la
rive gauche du Danube jusqu'au Waag. La domination
directe ou indirecte de la France s'étendit aussi à l'est
jusqu'à la mer Adriatique, et au sud jusqu'à la Theiss,
comprenant ainsi tout le pays occupé par les Slovènes.
Il n'y avait pas du reste, à cette époque, de délimita-
tion bien fixe avec des bornes frontières et des pro-
cès-verbaux en double exemplaire sur papier tim-
bré.

(1) *Les Enfances Ogier.*

Quelques années plus tard, le Pape plaçait la couronne impériale sur la tête du prince qui venait de reconquérir la moitié de l'Europe au christianisme.

Charlemagne ne pouvait oublier les intérêts religieux des provinces annexées : car, à cette époque, on ne regardait pas une conquête comme terminée lorsqu'on avait rançonné les vaincus, reçu le serment des princes devenus tributaires, ou envoyé des préfets aux sujets nouveaux : il fallait organiser la hiérarchie.

Il nous faut ici, en remontant le cours du temps, dire un mot de l'affermissement du christianisme parmi les Slaves ou Vénèdes occidentaux. En 649, un prêtre du diocèse de Poitiers, nommé Emmeramme, partit pour le bas Danube. Les Bavarois ne se souciaient pas beaucoup que les Slaves et les Avares fussent convertis à la religion de la France par un missionnaire français. En 652, ils assassinèrent le prêtre Emmeramme. Vers la fin du même siècle, l'Austrasien Rupert, évêque de Worms, descendit jusqu'au confluent de la Save. A son retour, il releva à Lauriacum sur l'Ens le siége épiscopal fondé par saint Andronie, disciple de saint Paul. Les Avares ayant détruit Lauriacum en 736, le titulaire en fut transféré à Passau, dont l'évêché put dès lors être considéré comme la continuation de celui de Lauriacum.

Saint Rupert restaura aussi la ville de Juvava, aujourd'hui Salzbourg, d'où ses successeurs travaillèrent à l'évangélisation des Slaves, et spécialement saint

Virgile, qui fut surnommé l'apôtre de la Carinthie.

Lorsque le fils de Charlemagne, Pépin, revenait de
son expédition contre les Avares, il trouva à Salzbourg le successeur de saint Virgile, Arnt, et, en réser-
vant l'approbation ultérieure de son père, il le dés-
gna pour exercer la juridiction sur les Slaves et sur ce
qu'il restait des Avares dans ces contrées. Au mois
d'octobre 803, Charlemagne vint lui-même à Salzbourg.
Là, en présence d'un grand nombre de fidèles, il consacra et renouvela pour l'avenir la concession de son
fils Pépin. En 810, l'empereur fixa la Drave comme
limite au sud entre l'archevêché de Salzbourg et le
patriarcat d'Aquilée.

Voilà donc Salzbourg seul investi de la juridiction
sur les Slaves et les Avares. Arnt ordonnait des prêtres
qu'il envoyait aux ducs et aux comtes dans la Carinthie et dans la Pannonie inférieure. Il fut aidé effica-
cement par un comte Ingo, au sujet duquel l'*Anonyme
de Salzbourg* raconte l'anecdote suivante : « Ingo fit
asseoir à sa table des esclaves chrétiens. Quant à leurs
maîtres, qui étaient idolâtres, il les fit asseoir dehors
comme des chiens, en faisant disposer devant eux du
pain, des viandes et du vin dans des pots brunâtres,
afin qu'ils prissent ainsi leur nourriture. Au contraire,
il ordonna qu'on servît les esclaves dans des coupes
d'or. Du dehors, les maîtres lui demandèrent : « Pourquoi nous traites-tu ainsi ? » Ingo leur répondit :
« Vos corps n'ayant pas été ablués dans la fontaine

sacrée, vous n'êtes pas dignes de communiquer avec ceux qui sont régénérés; mais vous devez prendre votre nourriture comme des chiens. » Édifiés par ce fait sur la sainteté de notre foi, ils s'empressèrent de se faire baptiser. »

IV

LA PREMIÈRE LUTTE DES SLAVES CONTRE LES ALLEMANDS.

Le plus grand obstacle à la consolidation du christianisme parmi les Slaves était la nationalité allemande des évêques résidant à Salzbourg et à Passau, ainsi que de leurs missionnaires. Chaque réaction contre le christianisme était considérée comme un affranchissement du joug étranger.

Saint Rupert, au VIIe siècle, avait été bien inspiré en relevant à Lauriacum, en dehors de la domination directe des Allemands, le siége de saint Andronie, que les chefs avares, assez fins politiques, s'étaient empressés de détruire. La même dificulté n'existait plus au IXe siècle, puisque la rude main de Charlemagne s'était déjà appesantie sur ces horribles dominateurs. L'idée d'une hiérarchie séparée pour les peuples non allemands de l'Europe centrale fut reprise. En 806, Urolf se démit volontairement du siége épiscopal de Passau, pour se consacrer à la conver-

sion des Slaves et des Avares. Encouragé par Charlemagne, il institua dans leur pays des écoles et des
couvents. Grâce à l'appui de Moïmir, prince de Moravie, il établit un nouveau siége à Lauriacum : il eut
sous lui quatre suffragants, dont deux pour les Avares.
Cette fondation fut encouragée par le pape Eugène II,
qui, soucieux avant tout du salut des âmes, écrivit des
lettres de recommandation à Moïmir et au prince
avare Todun.

Urolf mourut en 829 : il est resté en odeur de sainteté dans l'Église morave.

Son œuvre ne lui survécut pas. Reginhar, évêque
de Passau, invoquant sans doute l'origine de son
propre siége transféré de Lauriacum, s'empara de
l'archevêché de cette ville. Adelramme, de Salzbourg,
protesta au nom de la décision prise par Charlemagne,
en 803. C'est alors que Louis le Débonnaire, en 829, à
la diète de Ratisbonne, partagea entre les deux diocèses
allemands tout le pays situé au delà du Kahlenberg :
le Raab et la Spiraza formèrent la limite. La Bohême
n'était pas comprise dans ce partage ; mais elle fut plus
tard annexée au diocèse de Ratisbonne, comme nous
l'avons vu. Ainsi toutes les contrées slaves rentraient
sous la hiérarchie allemande.

L'échec de la tentative inaugurée par Urolf ne décou-
ragea pas les princes slaves de chercher à organiser un
clergé indigène. Le monde slave était alors partagé
entre trois princes : Rastitz qui régnait en Moravie,
Kociel en Pannonie, et Sviatopluk à Nitra. Ils en-

voyèrent de concert une ambassade à l'empereur de Constantinople, Michel, pour lui demander des missionnaires capables d'instruire le peuple dans sa langue. Les deux frères, Cyrille et Méthode, originaires de Salonique, et qui connaissaient la langue slave parlée autour de cette ville, furent désignés. Leur premier soin, et c'est là ce qui donne à leur mission un caractère tout nouveau, fut de traduire les prières et les offices dans une langue slave. Mandés à Rome, ils y reçurent la consécration épiscopale, mais Cyrille mourut bientôt et fut enterré dans la basilique du pape Saint-Clément, dont il avait rapporté les reliques.

La mort de saint Cyrille n'interrompit pas son œuvre. Kociel, qui régnait en Pannonie, demanda au Pape de lui envoyer Méthode. Adrien II y consentit, mais il ne voulut pas limiter la mission aux pays gouvernés par Kociel. « Ce n'est pas à toi seulement, dit le pape, mais à toutes les contrées slaves, que j'envoie cet instituteur de la part de Dieu et du saint apôtre Pierre, premier évêque et porte-clef du royaume céleste. » La lettre par laquelle Adrien II accréditait Méthode est, en effet, adressée aux trois princes qui avaient écrit à l'empereur Michel, c'est-à-dire à Rastitz, Kociel et Sviatopluk. Le pape y confirme formellement l'autorisation de célébrer en langue slave. « Pénétré d'une triple joie, nous avons décidé dans notre esprit, après examen, d'envoyer dans vos contrées le prêtre Méthode, notre fils, avec des disciples, homme parfait

d'intelligence et orthodoxe, pour qu'il vous instruisît
de la manière que vous avez demandée, *en interprétant
en votre langue les livres sacrés, pour tous les offices ecclésiastiques entièrement et pour la messe et nominativement
la liturgie et le baptême*, ainsi que Constantin le savant
(saint Cyrille) avait commencé à traduire le saint
Evangile, avec la grâce de Dieu et à l'aide des prières
du pape saint Clément. »

Ici commence une lutte terrible entre les évêques
allemands et saint Méthode. Trois fois la cause fut
portée à Rome, et trois fois en 873, en 880 et en 881,
la papauté décida en faveur de saint Méthode.

Ainsi l'entreprise des trois princes avait réussi.
Rome avait rétabli virtuellement l'antique siége de
Lauriacum, bien que le nom n'en figure pas dans les
titres donnés à Méthode qui résida en Carinthie. Le saint
mourut dans l'exercice de son pontificat le 6 avril 885.

Vers cette époque, Sviatopluk, qui avait réuni à
ses Etats ceux de Rastitz et ceux de Kociel, se récon-
ciliait avec les Allemands : il leur sacrifia l'Eglise de
son pays. Ecoutons ce que dit un vieux chroniqueur (1) : « Après la mort de Méthode, la victoire
resta aux Allemands : les prêtres furent persécutés et
chassés. Ils furent mis aux fers et envoyés en prison...
On les remit ensuite aux mains des soldats pour être
conduits vers le Danube, en les condamnant à un exil
perpétuel. Les confesseurs du Christ se dirigèrent vers

____

(1) *Dans la vie de S. Clément*, disciple de Méthode.

la Bulgarie, où ils ont trouvé la paix. » D'autres ga-
gnèrent les côtes septentrionales de l'Adriatique et la
Croatie. Il existe encore aujourd'hui en Dalmatie et
dans quelques îles du golfe de Quarnero cent vingt
paroisses, où, avec l'approbation et le concours du
Saint-Siége, qui fait imprimer leurs livres à Rome,
l'office se célèbre dans la langue slave de saint Cyrille
et de saint Méthode.

J'ai dit plus haut que Sviatopluk avait réuni aux
siennes les possessions des autres princes. C'est le
point culminant dans l'histoire de ce grand Etat, qui
s'élevait sur les ruines des Avares, qui s'étendit jusques
au nord des Karpathes, et auquel on a donné le nom
d'empire morave, parce qu'il avait son principal appui
en Moravie. Sviatopluk fut tantôt en amitié et le plus
souvent en guerre avec les Allemands. Et de même
que saint Méthode triomphait de l'archevêque de Salzbourg en cour de Rome, Sviatopluk remporta de
grandes victoires sur le champ de bataille.

Le glorieux soutien de l'empire morave mourut
en 894. A son nom l'imagination populaire a rattaché
tout le prestige de la grandeur des Slaves au ix⁰ siècle.
Un tel héros ne meurt pas. Les paysans moraves et
slovaques attendent son retour sur la terre, comme les
Serbes celui de Marko, fils de roi.

On dit qu'en mourant Sviatopluk présenta à ses
enfants, pour leur recommander l'union, un faisceau
de baguettes qu'ils essayèrent en vain de rompre. Grâce
aux menées de l'empereur Arnolf, ils ne vécurent pas

en paix. Ils eurent aussi à combattre continuellement
un nouveau venu, le peuple madgiar ou hongrois.
Ces Asiatiques, qu'Arnold avait imprudemment excités
à se jeter sur les Slaves, ne tardèrent pas à ravager
cruellement l'Allemagne. Le fils d'Arnolf, l'empereur
Louis IV, unit enfin ses forces à celles du prince morave Moïmir II, l'un des fils de Sviatopluk : il était
trop tard. La grande bataille de Presbourg fut perdue
par les chrétiens le 28 juillet 907. Louis IV eut grande
peine à sauver sa vie. Moïmir II disparut, et l'empire
morave avec lui. La bataille de Presbourg est un des
désastres les plus décisifs que l'histoire ait enregistrés
sur ses pages de sang.

Il ne resta pas debout une seule église chrétienne
dans toute la contrée qui devenait la Hongrie.

V

UN VIEUX SYMBOLISME.

Si vous devez prendre la route de la Carniole, je
vous conseille de regagner Villach, en faisant un détour
par Saint-Veit, ancienne capitale du duché. Ce coin
de terre rappelle les souvenirs les plus anciens et les
plus caractéristiques de la Carinthie. Saint Méthode,
apôtre des Slaves, a résidé dans la petite localité
de Mosbourg. Entre Saint-Veit et Klagenfurth se
trouve le Zollfeld, une plaine où l'intronisation des
ducs de Carinthie avait lieu jusqu'à la fin du xvi⁰ siècle,

suivant un rite qui porte le caractère d'une très-haute antiquité. C'est un symbolisme étrange et très-significatif. Il a été raconté en détail dans les *Origines du Droit français*, par M. Michelet, de la manière suivante.

Toutes les fois qu'un nouveau duc devait recevoir l'hommage de ses sujets, un paysan d'une certaine famille, qu'on appelait le paysan-duc, venait s'asseoir à Zollfeld, sur le siége ducal qui existe encore. C'est un trône double en maçonnerie grossière : on l'a protégé par une grille.

Tout le peuple de la contrée était rangé à l'entour. Cependant le vrai duc avait revêtu un costume de paysan ; à son cou pendait une gibecière contenant du pain, du fromage et des ustensiles d'agriculture ; il tenait à la main un bâton de berger. Escorté de deux seigneurs, il s'approchait du siége ducal ; à ses côtés marchaient un taureau noir et un cheval de paysan. Derrière le duc venaient toute la noblesse et les chevaliers en habits de fête, portant les insignes et l'étendard du duché.

Dès que le cortége arrive auprès des marches, le dialogue suivant commence en langue slovène :

Le paysan-duc. — Qui donc s'avance si fièrement ?

La foule. — C'est le duc du pays.

Le paysan. — Est-il un juge équitable ? Est-il désireux de faire le bien du pays ? Est-il né libre et chrétien ?

La foule. — Il l'est et il le restera.

Le paysan. — Je demande alors de quel droit il me fera quitter cette place.

Le comte de Goritza. — Il achètera la place pour soixante pfennings (pièce de monnaie). Les deux bêtes de trait t'appartiendront, de même que l'habit ducal. Libre sera ta maison et libre ta personne : tu ne paieras ni dîme ni redevance.

Le paysan donne alors au vrai duc un petit coup sur la joue, l'invite à faire bonne justice, puis descend du siége et emmène le taureau et le cheval.

Le nouveau duc prend place sur son siége, brandit l'épée nue de tous les côtés, et promet au peuple droit et justice. Comme signe de simplicité, il boit de l'eau fraîche dans son chapeau.

Le cortége se dirige ensuite vers l'église Saint-Pierre, située sur une colline voisine, pour y assister au service divin. Le duc quitte le costume de paysan, dont il a été couvert jusqu'alors, pour revêtir les insignes de son rang; puis il s'assied à un festin splendide avec la noblesse et les chevaliers. Après le festin il retourne à la colline, où se trouve un siége à deux places adossées. Le duc prend place sur le siége qui est tourné vers le soleil : la tête nue et les doigs levés, il jure de maintenir les droits du pays. Il reçoit alors les hommages et le serment, puis il distribue les fiefs. En même temps le comte de Goritza, qui s'est assis sur le siége opposé, répartit les fiefs qui dépendent de lui en sa qualité de palatin héréditaire.

Aussi longtemps que le duc reste assis et occupé à distribuer des fiefs, certaines gens ont le droit de couper du foin, et les brigands sont libres d'exercer leur industrie, si l'on n'a d'avance composé avec eux.

Inutile d'ajouter qu'il n'y a plus trace de tout cela ni de bien autre chose.

Le fameux siége de pierre porte une inscription en langue slovène, qui rappelle la cérémonie d'investiture : *Ma sveti veri?* A-t-il la sainte foi ? Voici la réponse : *Veri.* La foi.

VI

LA SOURCE DE LA SAVE.

La route de Villach à Laybach est certainement l'une des plus curieuses et des plus intéressantes de toute l'Autriche. Le mont Dobratch est couronné d'une chapelle; mais voici le majestueux Mangart, avec ses pics dolomites et ses sommets couverts de neige. Nous avons passé de la vallée de la Drave dans celle de la Save naissante.

A deux heures du chemin de fer est la source de cette rivière. La Save jaillit d'un rocher à une hauteur de quatre cents pieds.

Aux flancs escarpés du géant dolomite, **sa mère,** la neige intacte du Mangart, a voilé discrètement sa naissance et son berceau. On ne la voit pas, comme tant d'autres, venir au monde faible et imperceptible, puis grandir, exposée au vent et à la poussière : elle jaillit toute forte et toute belle du sein puissant de sa mère.

Non licuit populis parvam te, Sava, videre,

Les yeux sont ravis de l'éblouissante apparition ; mais bientôt, comme surprise elle-même par le grand jour, saisie par le froid de la brise et comme honteuse d'avoir fait un si grand saut pour son premier pas, la jeune rivière, une fille timide, court se cacher ; elle a disparu sous la terre. Elle reviendra, mais voici qu'elle s'est déjà réfugiée dans un lac qui la dérobe encore quelque temps aux regards. Elle en sort avec de doux bruissements pareils aux petits cris d'un oiseau qui s'envole. Elle court en baignant le pied des collines boisées, où rien ne bouge, et où l'automne avait déjà mêlé au vert sombre les nuances éclatantes du jaune et du rouge. C'était un spectacle enchanteur sous les rayons obliques du soleil, *si doux au déclin de l'automne.*

Le chemin de fer traverse la Save à peu de distance de sa source. La rivière coule encore gentiment sur un grand lit de pierres. Elle est née là où commence la population slovène : elle continue à baigner des rives toujours slaves. Jusqu'à Semlin, où elle se perd dans le Danube, elle n'entendra pas ses enfants dire un seul mot en allemand ou en madgiar, tandis que sa voisine, la Drave, naît en pays allemand et s'égare au milieu des Hongrois.

Après le Mangart, c'est le mont Tergtau qui domine le paysage. Sur une hauteur est Krainburg, l'ancienne capitale de la Carniole (Krain). Avec le progrès de la sécurité, la capitale est descendue dans des parages plus accessibles aux opérations commerciales. A partir de Krainburg, la vallée s'élargit au milieu de petites

collines presque toutes couvertes d'églises blanches.
Nous arrivons bientôt à la capitale actuelle de la Carniole, Liubliana, autrement dit Laybach, où il a été
tenu un congrès européen à l'*Hôtel de l'Eléphant.*

Une foule immense et endimanchée descend des
quatre classes de wagons, car en Autriche, où *le
voyageur n'est pas riche,* il y a des *quatrièmes :* on s'y
tient debout ou accroupi contre les parois.

VII

A LIUBLIANA.

Liubliana doit son nom à une petite rivière, humble
tributaire de la belle Save; mais comment ne pas
penser au mot *liubi,* qui signifie *cher, aimable?* Cette
étymologie est justifiée par une position charmante,
par le caractère aimable et cordial des habitants. La
ville n'a pas beaucoup de caractère, mais on sent,
comme à Tscliovetz, que ce n'est pas une ville impro-
visée : il n'y en a pas de telles en Amérique. Les rues
sont propres, et tout porte l'empreinte du soin.

Liubliana s'est groupée autour d'un monticule couronné par un château (*grad*), dont la fondation se perd
dans la nuit des temps. Ce pays frontière (c'est le sens
du mot *kraina,* d'où vient Ukraine) a été, depuis les
temps immémoriaux, la grande route de migration des

peuples barbares : Cimbres, Huns, Avares, Madgiars.
Beaucoup des châteaux dont on y trouve les restes
(transformés naturellement en casernes ou en pri-
sons) ont dû être édifiés primitivement par les Romains. A quoi bon remonter si haut? Depuis le
xvi° siècle jusqu'à la fin du xvii°, et même au commencement du xviii°, la Slovénie a été exposée aux
invasions des Turcs. La sécurité ne se rencontrait que
dans ces vastes châteaux ou dans les couvents forti-
fiés. Pendant l'invasion, la population s'y réfugiait
avec tout ce qu'elle possédait, y compris les bestiaux,
dès que les feux allumés sur des hauteurs annonçaient
l'ennemi. Les villes, bâties en bois, étaient constam-
ment brûlées ; mais on les rebâtissait bien vite, en
attendant le prochain incendie. Voilà qui explique le
groupement de ces villes relativement modernes autour d'un château immémorial.

Liubliana a 30,000 habitants, parmi lesquels on
compte seulement 4,000 Allemands. Le conseil municipal est néanmoins composé d'Allemands ou de
Niemskutar, c'est-à-dire de Slovènes germanisés. Les
indigènes, ne pouvant passer à travers les mailles
d'une législation combinée *ad hoc*, se sont jusqu'à
présent abstenus de voter. On me dit cependant qu'ils
vont de nouveau engager la lutte. La plupart des
enseignes sont en langue slovène.

Je me suis trouvé à Liubliana un dimanche. Une
foule immense, pieuse et recueillie, se pressait dans
les églises : les hommes y étaient très-nombreux. Les

femmes (celles qui ne sont pas déguisées à l'allemande) portent toutes un fichu sur la tête, ce qui est
beaucoup plus gracieux que les échafaudages fleuris
et enrubannés de nos modistes. Le mouchoir des
personnes âgées est blanc et orné de quelques broderies. Les jeunes, hélas! commencent à adopter les
dessins banals et les couleurs fausses de messieurs les
imprimeurs sur étoffes.

Les femmes sont gracieuses et souvent belles. Je
suis réellement fort embarrassé pour exprimer une
opinion sur l'état moral de Liubliana. Un homme
très-sérieux, qui n'est ni Madgiar ni Allemand, me
disait l'année dernière qu'il n'y a pas une ville plus
corrompue dans toute l'Autriche et dans toute la Hongrie, ce qui est beaucoup dire.

D'un autre côté, un voyageur polonais auquel j'ai
déjà emprunté quelques remarques, affirme que la
modestie relève les grâces des femmes slovènes, ce
qui est vrai, au moins en apparence; mais il ajoute
que nulle part il n'y a moins de scandales. Les Slovènes
se marient jeunes et vivent d'une manière exemplaire.
« Quelle différence, s'écrie-t-il, avec les villes allemandes, italiennes et hongroises! » Il attribue la
moralité de Liubliana à la rareté des touristes, qu'il
appelle les « commis-voyageurs de la corruption ».

Avec l'entrain d'un homme qui n'a rien à faire et la
liberté d'un voyageur qui n'est connu de personne, je
suivis, en continuant mes observations, la foule endimanchée dans une belle promenade, au milieu des

arbres touffus et des prairies verdoyantes. Horreur !
voici une *Bau-Gesellschaft* (Société de bâtisse) qui a
installé sa détestable industrie et une grande affiche
en allemand à l'entrée d'une prairie. Puisse-t-elle
crever comme ses sœurs de Vienne, avant d'avoir
abattu ces arbres séculaires et sali le vert gazon qui
pousse sous leur ombrage !

VIII

POÉSIE.

L'institution littéraire la plus importante est la
Matitza, qui compte, dit-on, cent mille adhérents.
Chaque membre donne un florin (deux francs vingt
centimes) par an ; mais il y a beaucoup d'offrandes
volontaires. L'association publie chaque année plus
de six gros volumes : elle a été le principal artisan
du réveil de la langue slovène.

Comme tous les pays slaves, la Slovénie possède
une poésie populaire. Le poëte autrichien, qui se
cache sous le pseudonyme d'Anastasius Grün, donne
à ce sujet des indications qui me paraissent très-
justes. Dans ce qui va suivre, je ne ferai guère que
traduire et résumer.

L'époque des luttes continuelles et acharnées contre
les Turcs est le point culminant de l'histoire du pays.
A cette époque appartiennent tous les souvenirs d'une

existence militaire séparée, et en même temps les souvenirs poétiques, lesquels se sont traduits en une série de chants populaires d'un caractère distinct. Tantôt ces chants prennent leurs héros parmi les combattants et les guerriers indigènes, tantôt ils confondent l'histoire des Slovènes avec celle des populations voisines. C'est ainsi qu'ils ont emprunté aux Serbes Marko, le fils du roi; mais, ce qui domine dans leurs poésies, c'est le Kral Matiach, qui représente sans aucun doute le roi de Hongrie, Mathias Corvin.

Par un procédé familier à l'imagination populaire, la poésie concentre sur un personnage de son choix tous les faits qui ont frappé les esprits. Ici les actions glorieuses de Jean Huniade sont attribuées à son fils Mathias. Le peuple croit qu'il n'est pas mort : entouré de ses guerriers noirs, il est assis devant une table, sous un grand tilleul, et décide avec son conseil tout ce qui se fait encore aujourd'hui. Tel Sviatopluk, pour les Moraves; tel Marko le Serbe, qui s'est caché dans une grotte depuis l'invention de la poudre. Comme Orphée, le roi Mathias descend dans l'enfer pour en ramener une femme aimée : il n'est pas plus heureux que l'autre; son Eurydice n'a pu garder le silence qui avait été imposé comme condition de la délivrance.

La poésie slovène a perdu aujourd'hui son originalité, même dans la forme : on y a introduit la rime. Ce qu'on forge dans les écoles, dans les presbytères, n'arrive pas à un succès véritablement populaire. Ce

sont des gémissements sur les impôts, sur la cherté
du sel, sur les corvées, sur le malheur d'une fille
dont le fiancé a été pris comme soldat. Tout cela est
plus administratif que poétique. Les seules chansons
encore aimées du peuple sont de petites pièces en
quatre vers qui se chantent dans les veillées et dans
les cabarets pour accompagner les danses.

IX

AU NORD ET AU SUD.

Les Slovènes ont à se défendre au nord contre les
Allemands et au sud contre les Italiens.

A Vienne, en 1848, les Slovènes ont demandé que
la partie septentrionale de la Carinthie et de la Styrie
fût abandonnée aux Allemands qui y dominent, mais
que le reste du pays slovène fût organisé en une seule
province. Ils ne l'ont pas obtenu ; mais ils ont toujours
maintenu leurs protestations contre la centralisation
germanisante sous ses diverses formes. Au mois de
mai 1869, les gymnastes allemands avaient organisé
une de leurs manifestations auprès de Liubliana
(qu'ils appellent Laybach). Déjà le cortége se dé-
ployait en bel ordre et bannières en tête.

Cet étalage ne fut pas du goût de la population : les
paysans s'étaient assemblés, armés de bâtons. Des
injures on en vint assez vite aux coups ; les mani-

festants furent obligés de chercher leur salut dans la fuite, non sans emporter quelques bons horions ; mais ils durent abandonner leurs belles bannières, qu'on n'a jamais pu retrouver. Il fallut même une charge des hussards hongrois pour empêcher de faire aux intrus un plus mauvais parti.

En 1868, une réunion slovène, qui comptait près de 8,000 hommes, eut lieu auprès de Goritza, et une autre en 1869. Tout se passa dans le plus grand calme, et les vœux suivants y furent formulés : 1° création d'un tribunal supérieur ; 2° réunion de toutes les populations slovènes en un seul Etat ou royaume sous le sceptre de la maison d'Autriche-Hapsbourg, avec une diète unique ; 3° introduction de la langue slovène dans toutes les branches de l'administration ; 4° fondation à Liubliana d'une académie slovène et emploi de la langue slovène dans toutes les écoles du pays.

Il n'y a rien dans tout cela qui sente la révolution cosmopolite.

Au sud, la lutte a lieu contre l'élément italien sur le terrain de l'enseignement. Les Slovènes ayant organisé à Trieste des réunions littéraires, il éclata dans cette ville, au mois de juillet 1868, une émeute suscitée par les Italiens et les italianophiles, lesquels voudraient accaparer pour l'Italie Trieste, l'Istrie et même la Dalmatie, tous pays slaves. Il existe à Trieste des comités qui saisissent toutes les occasions de manifester leurs espérances anti-autrichiennes. Voici,

par exemple, quelques phrases d'une Adresse au roi
Victor-Emmanuel, qui est du 23 mars 1874 :

« Nous, *citoyens* de Trieste, habitants de ce malheureux et extrême lambeau du territoire italien... nous
nous dîmes : Trieste prendra rang un jour parmi les
cent villes libres de l'Italie, et à bon droit... Oh! il ne
tardera pas longtemps, le jour où le roi patriote
saluera dans Trieste une fille de plus, et où le roi
guerrier déposera son épée, sachant bien aujourd'hui
que son œuvre n'est pas achevée et que l'Italie se
défend par les Alpes Juliennes et par les bassins pleins
de ports de l'Istrie... De grâce, faites, ô Sire, que notre
Trieste puisse vous saluer, elle aussi, comme roi et
libérateur! »

Le 25 septembre de la même année, on a trouvé sur
la brèche de la Porta-Pia, à Rome, l'inscription suivante entourée de lauriers :

A ROMA LIBERA

TRIESTE

CHE LIBERTA ATTENDE

L'inscription et les lauriers furent enlevés par
ordre des autorités italiennes, lesquelles, du reste,
protestent contre toute idée d'extension du côté de la
Dalmatie, aussi énergiquement qu'elles protestaient
contre l'idée d'occuper Rome... quelques semaines
avant d'y entrer.

La presse a déjà jeté l'alarme : « Si les écoles, écrivait le journal slovène *Primoretz*, deviennent exclu-

sivement italiennes, si toutes les affaires se traitent en italien, quelles seront les conséquences d'un pareil état de choses? L'Italie a déjà bien rapproché de nous ses frontières, et M. de Bismarck a envoyé ses agents jusqu'au littoral de l'Adriatique. Au nom de la justice, de la nationalité, au nom du salut de l'Autriche, nous demandons qu'on ne foule pas aux pieds les Slovènes : si vous continuez à les opprimer, l'Autriche du sud-est périra irrévocablement. »

Vous pensez bien que notre saint-père le pape n'est pas oublié dans les épanchements entre les amis de Trieste et de Rome. On l'appelle le *gendarme du Vatican*, le *bourreau de Mentana*. Au fond, c'est toujours la religion catholique qui excite la haine, parce qu'elle est l'obstacle. C'est ce que m'expliquait fort bien à Liubliana un jeune légiste que j'avais rencontré à la promenade et qui avait bien voulu m'accompagner à l'*hôtel de l'Eléphant*.

Il regrettait la formation d'un parti *jeune-slovène*, dont les tendances religieuses ne lui inspirent aucune confiance. « Nous, Slovènes, me disait-il, restons « catholiques, et nous ne deviendrons jamais ni « Teutons ni Welches. » Je lui demandai de m'expliquer ce qu'il entendait au juste par un *Welche*. Il me répondit que c'est un nom générique que les peuples de race slave ou germanique donnent aux peuples néo-latins. Je crus comprendre que ce n'est pas pris par eux dans un sens favorable ; mais, à ce moment, un nouvel interlocuteur vint dire son mot.

C'était un Alsacien, mécanicien de son état, qui
buvait de la bière de Strasbourg à la table voisine.
« Oui, Monsieur, me dit-il un peu brusquement; moi,
« je suis Français, mais pas Welche! »

CHAPITRE XIII

LE RETOUR

I

LA FRANCE DANS L'EUROPE ORIENTALE.

En me rendant de Liubliana à Venise, j'eus la chance de rencontrer un ingénieur français qui avait longtemps travaillé en Autriche pour diverses sociétés. Il revenait de la Roumanie, où il avait été appelé à émettre une opinion sur quelques questions techniques.

Il connaissait toutes les populations de l'Europe orientale, car il s'y était mêlé par le côté pratique depuis de longues années. Nous échangions nos impressions, mais le plus souvent je recueillais avec avidité l'enseignement que m'apportaient les observations précises d'un esprit ouvert, aussi dégagé des préjugés que des théories. Il me parlait volontiers des dispositions qu'il avait rencontrées comme Français.

« Ces populations, disait-il, ont instinctivement de

la sympathie et du goût pour la France. J'ai quelquefois entendu d'autres voyageurs rapporter une autre
impression, mais je ne la crois pas fondée. Il est
certain que personne ne s'ouvrira à vous, si vous
traitez d'abord les gens avec hauteur ou mépris. Vous
fermerez aussi la porte à toute expansion si, avec
l'aplomb de l'ignorance et de l'infatuation, vous
n'ouvrez la bouche que pour commettre des bévues
ou des confusions injustifiables; si vous prenez, par
exemple, les Croates pour des Hongrois, les Moraves
pour des Allemands et les Bulgares pour des Grecs
ou des Turcs. Au contraire, si vous montrez à ces
peuples que vous avez quelque peu étudié leur histoire, ou simplement que vous vous y intéressez, il
n'en faudra pas davantage pour vous faire bien ac-
cueillir, non-seulement comme un *gentleman* quelconque, mais à titre de Français. Une fois la glace
rompue, pour peu que vous vous montriez sans prétention et *bon enfant*, vous pourrez dire tout ce que
vous voudrez, même des vérités pénibles; seulement,
il faut frapper juste. »

L'ingénieur ajoutait : « Je n'ai pas trouvé non plus
ni chez les orthodoxes grecs, ni chez les musulmans,
que le fanatisme ait jamais été un obstacle à de bons
rapports avec les Français. J'ai cependant pratiqué
toujours d'une manière ostensible la religion catholique. Le fanatisme existe-t-il? C'est possible; mais il
est bien certain que je n'ai jamais eu à en souffrir. Ce
qu'il faut éviter, c'est de traiter les non-catholiques

comme des ennemis, et surtout de leur attribuer certaines erreurs ou certains sentiments qu'il n'ont jamais eus. Si vous avez su gagner leur confiance, les orthodoxes, en particulier, discutent volontiers avec vous le fort et le faible des diverses communions; quelques-uns considèrent la séparation des Eglises comme un fait anormal, et qui pourrait cesser... si les Latins faisaient toutes les concessions. Les protestants sont beaucoup plus intraitables. »

Mon compagnon de voyage disait encore qu'il est difficile d'entretenir une bonne entente avec ces populations si l'on affiche une partialité acharnée et intolérante en faveur des centralisations qui les oppriment ou des exploitations qui les ruinent. « Je n'entends rien plus que vous, me répétait l'ingénieur, à ce qu'on appelle la grande politique; mais je soutiens que, si l'on se prononce ouvertement contre quelqu'un, il n'est pas juste de lui en vouloir d'aller chercher ailleurs l'appui que vous lui refusez et dont il ne peut se passer. »

II

CONFESSION DE L'INGÉNIEUR.

Mon compatriote ne croit pas à la possibilité d'une fusion entre les diverses races qui habitent la Turquie et l'Autriche. « Il faut, disait-il, reconnaître **avant** tout qu'il n'y a plus aujourd'hui dans l'Europe orientale une race assez supérieure et surtout assez nombreuse pour faire accepter son hégémonie par les autres et pour les dominer toutes, appuyées qu'elles sont de l'extérieur, ou pour les amalgamer dans quelque grande unité nouvelle.

« En Turquie comme en Autriche, des expériences assez nombreuses et assez décisives devraient avoir démontré aux gouvernements qu'il faut renoncer résolûment et définitivement à toute idée de centralisation et de fusion. La fusion n'a pu s'opérer dans l'Europe orientale alors que les populations étaient réellement unies de cœur et d'esprit et versaient en commun leur sang pour une même cause. Comment prétendre aujourd'hui opérer l'unification, non plus au nom d'une idée supérieure et commune, mais pour le plus grand avantage particulier de l'une ou de deux de ces populations ?

« C'est aussi une illusion d'attendre que les populations se fusionnent par la solidarité des intérêts matériels. Jamais les Viennois et les Madgiars n'ont plus tenu à vivre séparés que depuis que Vienne et Pesth sont réunis par deux chemins de fer. Non-seulement la fusion est mauvaise en soi ; mais elle est possible à réaliser. »

Ici, je me hasardai à présenter une objection
« Les intéressés, dis-je, doivent mieux que nous apprécier les moyens dont ils disposent pour établir ou maintenir leur hégémonie : ils ne s'obstineraient pas

dans leurs prétentions, s'ils ne se sentaient pas la force nécessaire pour les faire triompher. — Non, répondit l'ingénieur; consultez l'histoire et vous verrez que, sur ce terrain, l'aveuglement est, au contraire, la règle générale. Il me suffira de rappeler ce qui est arrivé aux Grecs en 1821, aux Hongrois en 1848. Les Grecs étaient persuadés en 1821 que la Moldo-Valachie, où ils régnaient depuis près de cent ans, était devenue un pays grec. Avec une confiance qui a quelque chose de touchant, ils commencèrent sur le Danube leur révolution nationale grecque, mais aussitôt les Valaques se dressèrent contre eux en appelant les Turcs à leur secours. De même en 1848, lorsque les Hongrois se furent soulevés, les Roumains et les Croates s'allièrent au gouvernement de Vienne pour se débarrasser de l'hégémonie hongroise. Il faut aussi tenir compte de ce que cette domination, pendant qu'elle existe, procure à ceux qui l'exercent des avantages auxquels on ne se décide pas facilement à renoncer quand on en a goûté. Ce bénéfice en aveugle d'aucuns. Les plus clairvoyants se disent : profitons de la bonne chance tant qu'elle dure. »

Je trouvais bien que mon interlocuteur avait une tendance à systématiser. Le parti pris ne l'entraînait-il pas quelquefois à ranger sous une même formule des faits qui, par leur nature, se prêtent difficilement à une telle généralisation? D'un autre côté, je me disais que, si ces idées m'avaient été présentées *ex abrupto* avant mon départ de Paris, je les aurais trouvées au moins étranges, tandis qu'après ma course, je les trouvais plus que plausibles, malgré la crudité du dogmatisme.

L'ingénieur français se faisait sans vergogne et sans réticence l'avocat des populations orientales et de leurs aspirations. Il disait :

« Le vœu commun à toutes les populations de l'Europe orientale est de vivre de sa vie propre, dans l'indépendance de son administration intérieure. Il y en a aussi qui aspirent à réunir en un seul faisceau les parties aujourd'hui séparées de leur *nationalité*, je ne dis pas leur race. On aura déjà fait un grand pas lorsqu'on se sera bien persuadé que les Serbes veulent rester Serbes ; que les Tchèkes veulent rester Tchèkes, les Roumains, Roumains ; les Bulgares, Bulgares ; que les Grecs surtout n'ont jamais désiré et ne désireront jamais être que Grecs. Les populations de l'Europe orientale ne veulent pas plus être russes que turques ou madgiares, quelles que soient les communautés de race ou de religion.

« Assurément les populations orientates s'épuisent, s'énervent quelquefois dans des projets aventureux, dans des complications stériles, dans des aspirations prématurées. Assurément les solutions doivent surtout se produire par leur propre poids, et, loin de chercher à brusquer l'avenir, à amener des effets sans cause suffisante, il est préférable que chacun s'applique surtout à développer son propre poids par un progrès normal. Mais est-on fondé à s'irriter, lorsque quelque résistance se produit, lorsque la sympathie naturelle ou l'occasion de quelque violence étrangère amène un rapprochement entre l'une et l'autre de ces populations? Si une fédération entre elles devient un jour possible, ce sera la solution de la question d'Orient.

« On accuse aussi ces populations d'aspirer à l'indépendance. Mais à quoi, s'il vous plaît, voulez-vous qu'elles aspirent? A la servitude. Exigez-vous que les Grecs demandent tous les jours à Dieu, dans leurs prières, que le croissant continue à briller sur la coupole de Sainte-Sophie? »

Mon ami l'ingénieur ne cessait de répéter que, « pour bien comprendre la situation de l'Europe orientale, il est nécessaire de faire abstraction, pour un moment, de nos idées et de nos sentiments propres. Il faut laisser de côté les préjugés, si nous en avons, et nous identifier par la pensée avec ces populations si différentes de nous et si différentes entre elles. Il faut nous mettre en quelque sorte à leur place, sans nous préoccuper exclusivement de ce que nous croyons être dans notre intérêt à nous. »

Loin de considérer, comme on le fait souvent, la diversité des races en Autriche et en Turquie comme un obstacle, il y voyait, au contraire, des avantages qu'il expliquait ainsi : « Par la diversité même des races, l'Autriche présente, pour l'organisation d'un État franchement fédératif, des facilités vraiment providentielles, qui ne se trouvent pas dans d'autres contrées où l'unité de race favorise l'éclosion de ces grandes agglomérations rarement compatibles avec la liberté intérieure et si menaçantes pour l'autonomie des voisins plus faibles.

« L'Autriche, grâce à sa composition même, peut exister avec la liberté intérieure et marcher légalement, paisiblement, sûrement dans la voie du progrès, sans avoir recours aux révolutions. L'Autriche est dans la situation de devenir, à son choix, un État modèle ou un État monstrueux, si tant est que l'unification, en partie simple ou en partie double, puisse jamais y être implantée, ce que je ne crois pas. »

En devisant de tout cela et d'autres choses, nous arrivâmes à Goritza où nous devions nous séparer.

Je m'arrêtai dans cette ville où il y a trois sociétés bien distinctes : l'allemande, la slovène et l'italienne. C'est la première qui tient le haut du pavé. Les mélanges sont peu intimes : aussi Goritza compte-t-elle trois casinos, un pour chaque nationalité. La cuisinière qui va au marché doit savoir trois langues : l'italien, le slovène et la langue néo-latine du Frioul, car des paysans frioulins apportent certains produits qu'on ne trouve pas chez les marchands slovènes.

III

A VENISE.

Quelques jours après, je rentrais à Venise. Sir John White m'avait laissé espérer qu'il s'y trouverait à la même époque ; mais ses affaires le retenaient encore en Russie (1).

Un matin que j'étais absorbé et ravi presque dans le ciel par la contemplation d'une vierge de Jean Belin, je me sentis frapper légèrement sur l'épaule. Lorsque je me réveillai de la vision, j'étais dans les bras de Fra Angelo.

Je lui parlai longuement de ce que j'avais vu pendant le voyage ; mais il était absorbé par les événements qui venaient d'éclater dans sa patrie. Les habitants des Bouches de Cattaro, tout en protestant de leur dévouement à l'empereur, avaient refusé de se soumettre au service de l'armée régulière. Ils invoquaient leurs anciens droits et les franchises dont ils avaient joui sous la république de Venise. On avait fait marcher des troupes contre eux. . . . .

. . . .

Une nuit, au clair de la lune, nous nous promenions silencieusement depuis le quai des Esclavons jusqu'aux deux colonnes qui élèvent dans les airs la statue de saint Théodore et le lion ailé de Saint-Marc. Frère Angelo fit une longue pause aux pieds du lion ; puis il me dit de sa voix grave et douce :

« Jadis les populations de l'Europe orientale se sont « rangées volontairement sous la bannière de la noble

____

(1) J'apprends qu'un personnage du nom de *White* réside dans les pays que j'ai parcourus. Je n'ai jamais eu l'honneur de rencontrer cet honorable gentleman, qui n'a de commun que le nom avec le compa non de mes courses.

« et puissante maison de Hapsbourg. Elles s'y sont
« rangées pour unir leurs efforts aux siens contre les
« ennemis de la religion, et nullement pour la gloire
« et le profit d'une race dominante. Ce n'est pas la
« centralisation hongroise et allemande qui gagnera
« ou gardera ces populations à la cause de la monar-
« chie. N'oublie jamais, ô mon fils ! que la domination
« sur un peuple doit être exercée par l'esprit; une
« force militaire peut l'imposer, une séduction maté-
« rielle peut la faire supporter; mais elle n'entrera
« jamais dans l'âme que si elle y apporte une idée
« supérieure, c'est-à-dire plus chrétienne. »

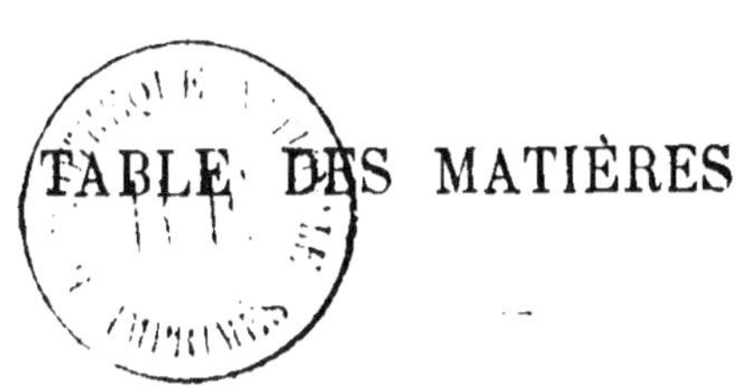

TABLE DES MATIÈRES

ERRATUM.

Page 211, ligne 25. — *Au lieu de* Stoss, *lisez* Stwosz.

Paris. — Imprimerie Jules Le Clerc et Cⁱᵉ, rue Cassette, 29.